U0899635

# 短视频创业

邢　涛◎主编

SHORT VIDEO ENTREPRENEURSHIP

图书在版编目（CIP）数据

短视频创业 / 邢涛主编. --哈尔滨：黑龙江科学技术出版社，2020.4
ISBN 978-7-5719-0407-4

Ⅰ. ①短… Ⅱ. ①邢… Ⅲ. ①网络营销 Ⅳ. ①F713.365.2

中国版本图书馆CIP数据核字（2020）第030694号

**短视频创业**

DUANSHIPIN CHUANGYE

邢 涛 主编

责任编辑 刘 杨
封面设计 国风设计
出　　版 黑龙江科学技术出版社
地　　址 哈尔滨市南岗区公安街70-2号
邮　　编 150007
电　　话 （0451）53642106
传　　真 （0451）53642143
网　　址 www.lkcbs.cn
经　　销 全国新华书店
印　　刷 三河市天润建兴印务有限公司
开　　本 700 mm × 1000 mm 1/16
印　　张 13
字　　数 20千字
版　　次 2020年4月第1版
印　　次 2020年4月第1次印刷
书　　号 ISBN 978-7-5719-0407-4
定　　价 58.00元

# 编者的话

目前，以抖音为代表的一批创意短视频平台已经迅速爆红，这些平台实现了社交媒介与视觉化传播紧密结合，并具有碎片化、低门槛、传播快的特点，其影响越来越大，粉丝也越来越多。

用户规模的持续上升，带动了整个短视频行业的蓬勃发展，也吸引了众多创业者的目光。新的领域，就蕴藏着新的商机。

本书是为那些希望利用短视频平台创业的读者编写的，重点介绍了当前比较流行的短视频平台——抖音账号的运营方法。

本书内容与网络息息相关，难免使用了大量的网络词语，如引流、人设、变现、大咖、吸粉、涨粉、圈粉、掉粉、买粉、刷粉、网红、抖商、抖红等等。此类网络词语简单、新奇、生动形象，富有时代气息，且在本书的语境下并不会产生歧义。故本书只对部分词语在首次出现时加以注释，其余词语保持原样，并未用引号加以注明，请读者加以注意。

本书既是一本软件操作工具书，也是一本零基础创业指导书。如果对短视频创业感兴趣的读者通过阅读本书而有所受益，那正是我们出版此书的初衷。

# 前 言

PREFACE

2017年至今，短视频行业持续火爆，短视频以其碎片化、低门槛、传播快的特点，迅速席卷了大批用户，而用户规模的持续上升带动了整个市场规模的提升。如今，以快手、抖音、西瓜、秒拍等平台为代表的短视频行业正在蓬勃发展，很多创业者都把目光投向了短视频领域。

随着短视频的持续火爆，“短视频电商”这个词也走入了人们的视线。所谓短视频电商，就是“短视频+电商”的组合，越来越多的创业者和商家们开始利用短视频卖货、做电商，最受商家青睐的短视频平台非抖音莫属，因此本书以抖音为例详细介绍利用短视频创业的方法和技巧。

2019年1月，抖音在国内的“月活用户”（月度活跃用户数）突破5亿，“日活用户”（每日活跃用户数）也超过了2.5亿，而且这个数据还在保持着高速增长。庞大的用户数量，让抖音成为了新的亿级流量池，也让它有了强大的带货能力。

薄饼锅、蟑螂抱枕、刷鞋海绵、妖娆花音箱、小猪佩奇手表等生活中常见的普通商品纷纷被抖音带“火”，淘宝上的“抖音同款”“抖音神器”卖到脱销。抖音视频的病毒式传播蔓延到了各大社交平台和电商平台，时不时就会引发一拨跟风购买的潮流。

抖音不仅仅在线上带货，在线下也带“火”了一批网红实体店，比如答案奶茶、泡面小食堂以及各地的网红餐饮店等。各大品牌也看中了抖音强大的带货能力，海底捞、adidas neo、airbnb（爱彼迎）、coco奶茶、OPPO、小米等品牌都在抖音上推出了一系列营销活动，抖音已经成为各大品牌最重要的营销阵地之一。

发现了新商机的商家和个人纷纷入场，开始经营自己的抖音账号，并摸索出了一套抖音变现的方法。他们尝试着在视频中做植入、直播带货、把粉丝引流到其他平台等，就在这批敢于第一个吃螃蟹的人做着各种尝试的时候，抖音官方也把目光投向了电商市场这块大蛋糕。

抖音先后上线了商品橱窗、购物车等功能，并接入淘宝、天猫等第三方电商平台，抖音母公司字节跳动又构建了自有电商平台“放心购”，这一切都昭示了抖音布局线上电商的野心。与此同时，抖音布局线下实体商业的脚步也没有停止，它为企业“蓝V”账号提供了各种营销工具，并推出了POI（point of interest，兴趣点）定位功能，助力实体店铺联通线上和线下。抖音已经从一个泛娱乐化视频平台转化成一个巨型的电商流量池，“抖音+电商”是当下最火热的趋势。

传统电商已经走过了十几年的发展历程，整个行业已经到了成熟阶段，成熟也意味着饱和与瓶颈。对于个人创业者和小商家来说，传统电商已经不是一个好选择，门槛高、成本高、竞争激烈、市场饱和等问题已经摆在眼前，创业者们必须寻找另外一条出路。

而抖音电商（以下简称“抖商”）就是当下比较好的选择，坐拥亿级用户流量的抖音为电商行业注入了新的活力，也为创业者提供了一个新的舞台。在这里，你可以用自己的才华、颜值或幽默吸引粉丝关注，再通过抖音的多种变现模式，把粉丝流量转化成收益。在这个人人都可以成为“网红”的时代，每个人都可以获取流量，每个人都可以通过抖商获取收益。

一些嗅觉灵敏的人已经通过运营抖音账号、做抖商挖到了自己的第一桶金。未来还会出现很多个李佳琦、柚子cici酱。

当一个行业走向成熟时，红利也会随之消失，传统电商就是如此。只有那些敢摸着石头过河的人才最有可能赚到钱。何况，已经有这么多人在做抖商，已经有了这么多经验和方法可供借鉴，只要我们愿意去学习和尝试，就能走上抖商创业之路。

本书就是为那些想要利用抖音创业的朋友准备的。本书从传统商业面临的困境入手，揭示了创业的新方向——做电商，又分析了传统电商的瓶颈，为大家找到了新的创业道路——短视频创业。

本书从实操的角度，详细讲解了抖音账号的注册和维护方法、定位和形象设计方法、创作视频内容的方法，以及吸粉（吸引粉丝）、引流和变现的方法，即使从来没有玩过抖音的朋友，也能根据书中的方法和步骤轻松学会抖商运营。

本书共9章，分别是认知篇、注册篇、养号篇、定位篇、形象设计篇、内容创意篇、吸粉篇、引流篇和变现篇。每章都围绕抖商运营的一个重要环节展开，通过方法和案例让读者快速掌握短视频创业的技巧。

本书的最大特色是通俗易懂、落地实操。每一章中都配有大量最新案例和图片，不仅能提升阅读体验，还能够帮助读者加深理解。此外，本书中的方法和步骤十分详细，每一个操作步骤都配有图片，可以让读者朋友轻松上手。

我写作本书的目的是希望做一本短视频创业的实操手册，为那些对短视频创业感兴趣，但之前没有接触过抖音或电商的朋友指明方向。因此这也是一本短视频创业工具书和入门书，读者朋友们只需要在手机中下载一个“抖音APP”（抖音应用），然后再翻开本书，就可以开始探索自己的抖音创业之路了。

这本书是我结合自己的经验总结出的一套方法，随着抖音APP的迭代更新，书中涉及的操作方法一定会有更新和变化，届时读者可根据最新版本的抖音APP进行操作。不过，操作方法的细节虽然会发生改变，但是抖音运营的内在逻辑应该是一致的，希望读者能通过本书总结出一套适合自己的运营方法。最后，我希望这本书能够帮助读者打开一扇窗，让他们找到创业的新方向，也能够为现有的工作和生活带来一些新启发。

# 目 录
CONTENTS

## 认知篇
## 流量红利时代，人在哪里，生意就在哪里



## 注册篇
## “草根”开抖操作指南，走好短视频创业第一步

## 养号篇
## 账号养得好，涨粉没烦恼



## 定位篇
## 五个定位技巧，让你的抖音号深入人心



## 形象设计篇
## 如何包装形象，让人一刷就关注

## 内容创意篇
## 如何做爆款内容，在内容里巧妙植入产品



## 吸粉篇
## 史上最简单的吸粉技巧，一个月粉丝过万



## 引流篇
## 如何精准引流，引爆流量卖断货

## 变现篇
## 多种多样的变现模式，选择对了你就赚钱了

# 认知篇

## 流量红利时代，人在哪里，生意就在哪里

在这个流量红利的时代，客户已经从线下转移到了线上，还未曾拥抱互联网的传统商业已经走到了举步维艰的境地，因此，创业者必须寻找新的方向。那么，集中了线上流量的电商行业是一个好选择吗？传统电商的入场门槛越来越高，运营成本也已经和实体店铺相差无几，这对创业者来说十分不妙。那么，创业的方向在哪里？生意又在哪里呢？抖音的火爆和巨大流量给了我们答案，那就是：做抖商。

# 1.1 传统商业为何举步维艰——流量都去哪了

近几年，传统商业掀起了一股“关店潮”，其中百货、超市等零售业是重灾区。传统零售业大鳄沃尔玛仅在2019年上半年就在全国范围内关闭了13家门店。过去很受欢迎的快时尚服装品牌Forever 21从2018年开始先后关掉了在中国的多家门店。很多汽车品牌的4S店也因为整个行业的盈利状况不佳而纷纷关店。这股“关店潮”说明传统商业正迈入发展的瓶颈，要么走入死胡同，要么开始转型，但是传统商业的转型总是免不了要迎来阵痛。

那么造成这个局面的原因是什么呢？传统商业为什么会陷入这样举步维艰的境地呢？我认为主要原因如下。

## ●传统商业为什么会举步维艰

我从外部和内部两方面分析了传统商业陷入困境的原因。

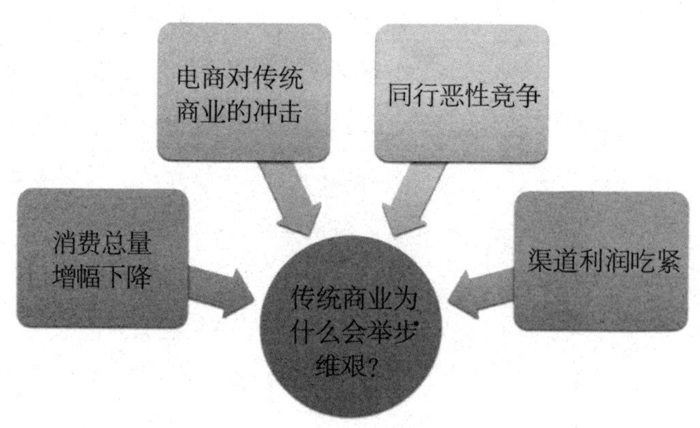


传统商业举步维艰的原因

**①外部原因：电商对传统商业的冲击**

以互联网技术为基础的电商对传统商业的冲击是巨大的，淘宝、天猫、京东等垄断性电商平台正加速侵蚀着传统商业的经营生态，传统商业多年来形成的价值链也被打破重组，在种种冲击下，很多实体店铺都难以为继。而且，随着电商产业的发展，出现了拼多多、蘑菇街、小红书这样专注细分市场的电商平台，传统商业的市场空间也越来越小。高利润、高客户黏性的市场已经被各路电商瓜分，传统商业如果不能创新和转型，就会失去生存空间。

**②外部原因：消费总量增幅下降**

随着国民经济的增速放缓，国民收入的增幅也随之放缓，中低收入者的消费普遍降低，于是消费总量的增速也随之下降了。消费者对价格更加敏感，他们希望能买到物美价廉的商品，于是纷纷把目光投向了更有价格优势的电商平台。

消费总量增幅本来就已经下降了，电商又从中分走了一大块蛋糕，所以，传统商业的消费额持续缩水。

**③内部原因：同行恶性竞争**

经过了几十年的发展，我国传统商业，尤其是传统零售业的商品同质化现象越来越严重，而且很多连锁品牌“跑马圈地”和“疯狂开店”的发展模式，让整个市场呈现出供应过剩的状态。随着人力成本和门店租金成本的上升，盈利空间被压缩得越来越少。

在这种情况下，同行间的竞争也越来越激烈，价格战等恶性竞争手段层出不穷。在这种内忧外患的局面之下，传统商业走入困境变成了一种必然。

**④内部原因：渠道利润吃紧**

过去，一个品牌为了开拓市场，必然要在全国各地开店，打通商场专柜、超市卖场等各大渠道，在这一层层的渠道中存在着巨大的利润，这些利润也支撑着线下实体店铺的运营。可是，电商的崛起，直接缩短了品牌和顾客之间的距离，刚从工厂出来的产品可以通过网络直接卖给顾客，企业甚至可以根据顾客需求定制产品。这种全新的经营模式让渠道利润逐渐吃紧，很大一部分线下店铺也因此无法继续存活。

综上所述，传统商业已经走入了困境，而且这个趋势是不可逆也无法回避的，传统商业的从业者必须顺应新形势，做出转型和创新，才能让自己“活”下去。而创新和转型的关键在于重新获取流量。

## ●线下流量都去哪儿了

根据相关数据显示，2018年第四季度，我国各地区商场客流量整体呈现出下降趋势，只有西部地区出现了增长，而经济较为发达的南方大部分地区则出现了剧烈下降，客流指数为103.5，环比下降了5.2%。

对传统实体商家来说，客流量是决定店铺生死存亡的关键，客流量的减少或消失就意味着关店或倒闭。那么，这些流量都到哪去了呢？答案显而易见，客户都流向了电商平台。这种变化是现有的商业格局造成的，但也与人们的生活观念和消费观念息息相关。

**①消费者生活方式发生改变**

过去，逛街购物是人们一种重要的娱乐方式，但现在人们会把更多的空闲时间放在健身、阅读等其他娱乐活动上，也不愿意花太多时间去货比三家。在网上就能方便地购买到自己想要的东西，而且现在网购的形式多种多样，人们可以通过看直播、朋友分享等方式了解产品、选购产品。

**②电商在价格上更有优势**

相比传统商业，电商省去了不少中间环节和运营成本，商品的价格也更低，消费者当然愿意在各大电商平台购物。而且电商平台上的优惠也更多，拼团、满减等优惠方式满足了人们追求性价比的心理。

**③物流服务越来越便捷**

越来越便捷的物流服务也是人们选择电商的理由之一，在网上购买商品后，次日就能够收货，这比花几个小时逛街买一件衣服或一双鞋要方便得多。便捷的物流是电商发展的基础，各大电商平台也都在积极发展和建设自己的物流体系，在这种良性循环下，客流会越来越多地流向线上电商平台。

客流量都涌向了电商平台，传统商业想要破局就只能拥抱互联网，与电商做深度结合，才能走出举步维艰的困境。而创业者在选择创业项目时，也应该尽量避免传统商业，一方面是因为成本太高，另一方面是因为传统商业领域留给创业者的机会已经所剩无几了。

## 1.2 流量问题之下，创业者如何破局

对于当今创业者来说，传统商业模式早已不是一个好选择，客流量越来越少，顾客的需求越来越难满足，盈利空间也越来越小，传统商业的道路已经越来越难走了。

一个项目究竟能走多远，关键在于商业模式。在传统商业模式中，有钱的做广告、铺渠道，没钱的只能靠推销，凡是在传统商业模式中摸爬滚打过的人都知道，业务越来越不好做，客户对广告的免疫力越来越强，产品也越来越不好推销。要知道，在今天这个过度推销的社会中，每个人每天平均都要接到三五个推销电话，客户对电话推销和上门推销已经感到不胜其烦，靠推销做业务已经行不通了。创业者应该转变思维，主动寻找客户、吸引流量。

### ●创业要转变思路，寻求新突破

客户虽然拒绝推销，但他们从来不会拒绝服务，创业者要始终牢记这一点，用新的商业模式为消费者提供服务。随着互联网经济的发展，市场被划分得越来越细，目标客户也变得越来越精准。既然我们能准确地找到目标客户，就应该抓住他们的兴趣点，给他们想要的服务，吸引客户主动消费。

现在的营销趋势是为顾客提供价值，自媒体要发布用户喜欢的文章，视频网站要为用户提供个性化推荐，电商平台也要做到千人千面，总之，要为客户提供有价值的服务或产品，把客户吸引过来。这是新商业模式的发展趋势，是创业者的破局新方向。

创业者必须适应这种新的商业模式，不能再走传统商业的老路。无论做什么行业，卖什么货，我们都要带给客户不一样的服务，让他们主动选择我们。我们要记住，流量是吸引来的，不是拉来的。

看到这里，很多人肯定会问：“做什么项目才能吸引客户，让他们主动选择

我呢？”很多人把目光投向了汇聚海量客户流量的电商行业，因为电商行业自带流量，而且门槛低，对没有背景和专业技能的创业者来说是个很不错的选择。

## ●电商创业是好选择吗

做电商虽然是个好选择，但是电商创业真的有那么容易吗？新手做电商并不是一件容易的事，以下几件事缺一不可。

电商创业的四件事

**①找投资**

无论做什么生意都是需要投资的，如果没有前期的投入，后期也很难做好。如果你的资金比较充足，也不要盲目砸钱，做电商并不是砸钱越多越好，后期的运营也很重要。资金投入一定要合理，不要因为前期的错误投资而影响了后面的运营。

如果你没有多少资金，前期运营成本就要稍微低一些，多利用社交平台、自媒体等渠道推广自己的店铺。不管你要以何种方式开展自己的电商之路，都必须找到前期投资，具体的数额要根据不同的平台而定。

**②找平台**

做电商最重要的一件事就是找一个好平台，有的人选择淘宝、京东等大平台，有人选择拼多多、小红书，还有人选择做微商或者做抖商。这几个平台各有长处和短板，对资金并不雄厚的普通卖家来说，入驻淘宝和京东的成本比较高，而且这两个平台的入驻门槛和推广费用也比较高。在这两个平台上如果不花钱做推广，就很难获得流量。

选择一个好平台，会让创业之路走得更稳更顺畅，我们要根据自己的资金和客观条件来选择最适合自己的平台。拼多多和小红书这类比较成熟的社交电商平台上留给创业者的机会也已经不多了，而质量良莠不齐的微商则令很多消费者都抱着怀疑的态度。

相比之下，抖音平台这个充满活跃用户的巨大流量池，就成了商家们关注的新热点，很多人都选择了抖音平台，并走上了抖商之路。

**③选产品**

新手做电商还要考虑一个问题，那就是卖什么产品。如果你本身有线下店铺或线下资源，就可以继续做之前的产品；如果没有，就要好好考虑自己要卖什么货。我建议电商新手从自身比较擅长的领域出发，选择投入少、门槛低的产品，比如农产品、普通日化用品、本地特色产品等，这类商品前期投入小、回报快，库存压力也比较小。

如果没有自己的货源，我们可以成为分销商或淘宝客，通过帮别人卖货来赚取佣金。当然，做分销也要选产品，由于分销没有库存压力，我们可以根据市场的变化情况和粉丝的喜好来决定卖哪种产品。

**④选团队**

电商创业前期，也许一个人就能搞定所有的事，但到了后期就必须依靠团队的力量了。电商的日常运营工作是比较繁杂的，当经营规模扩大以后，创业者就要着手建立团队了。团队人员应该尽量精简，节约下来的成本可以作为奖励奖给优秀的团队成员。如何带领团队、建设团队也是一门学问，创业者必须多多学习这方面的知识。

电商创业能否成功的决定因素还有很多，比如推广、运营、活动等，但无论如何，找到一个好平台才是重中之重。只有站在了好的平台上，我们才能乘风起舞！

## 1.3 抖商——平民创业的机会

抖音APP给无数想展示自己的普通人提供了平台，普通人不需要参加选秀，更不需要上交任何费用就可以随时展现自己的各种才艺和生活动态。在抖音上，你可以看到各种有趣或酷炫的小视频，而现在年轻人的手机上基本都有抖音APP，有的年轻人甚至吃饭上厕所都在刷抖音，可见抖音短视频的威力。抖音短视频在成为最大短视频娱乐平台之后，又有了进军电商领域的雄心和实力，抖商也应运而生。

在淘宝、京东入驻门槛越来越高，微商逐渐饱和的情况下，做抖商对于想走电商创业路的普通人来说是一个好机会。微商经过一段时间的火爆以后，迅速沉寂了下来，但相比微商，抖商有着自己独特的优势。

### ●微商的下一站是抖商

抖商和微商的内在逻辑是不同的，微商利用熟人关系网卖货，这种模式虽然转化率高，但是传播深度和广度有限，仅限于朋友圈和社群，而且很难提升。另一方面，由于参与人数的饱和和传播范围有限，很容易形成刷屏现象，让人反感。

抖商则以直接生动的抖音短视频来展示产品，而且，在抖音技术的支持下，我们可以跨越熟人圈层，更直接地触达用户。在服饰、化妆品、家居生活用品、餐饮美食类产品上，抖商的优势非常明显。当然，抖音本身是一个娱乐平台，对内容的可看性有一定要求，所以做抖商的前提是先做好内容，优质的内容可以提升粉丝黏性，也能提升销售转化率。

微商靠人际关系驱动，依靠熟人，而抖商则是以信息流驱动的，有更广的传播度，比微商更容易产生爆款，影响范围也更广。所以，微商的下一站是抖商。

## ●抖商的优势

抖商背靠强大的抖音平台，具有以下几大优势：

**①很多人爱看抖音**

互联网上流传着一句话“抖音一分钟，人间两小时”，这话虽然有些夸张，但也很生动地说明了抖音视频的吸引力。抖音已经成为很多人“杀时间”的利器，人们都愿意在自己的碎片时间里刷一刷抖音。人们爱看抖音视频，这也是我们做抖商的最大优势。

抖音短视频之所以受欢迎，主要有以下三大理由：

（1）视频的时间短

一个抖音短视频的时长15～60秒，既不会占用太多时间，也不用费脑子，看起来很轻松。而且15秒内的反转或煽情，更容易刺激观众的感官，这也是抖音短视频受欢迎的重要原因。

（2）草根化

抖音短视频具有很强的草根化特点，它呈现了很多普通人的生活状态，人们也乐于在抖音上分享自己生活中发生的小事。即使是抖音上的段子，也具有很浓厚的生活气息和草根气息。抖音的超强带货能力和它的草根化特点是分不开的。

（3）强烈的场景感

抖音短视频具有很强的场景感，很多视频中的故事每天都在我们身边发生，与我们的生活场景有着紧密的联系。正因为如此，抖音视频可以带给我们极高的参与感，很多“魔性”视频的病毒式传播都是强烈的场景感造成的。

抖音短视频是如此受欢迎，哪怕是卖货视频，只要足够有趣，粉丝也会心甘情愿地被“俘获芳心”。

**②海量的用户**

海量的用户是抖音平台自带的一个巨大优势，用户多就意味着流量多，而流量是我们做抖商的基础。截止到2019年1月，抖音在国内的月活用户（月度活跃用户数）突破5亿，日活用户（每日活跃用户数）也超过了2.5亿，而且这个数据还在保持着高速增长。

抖音海外版“TikTok”也已经覆盖了全球150多个国家和地区，先后在日本和泰国的APP Store（苹果应用商店）下载榜登顶，“TikTok”还曾在2018年第一季度成为全球APP Store下载量最高的手机应用。

抖音成为2018年第一季度全球APP Store下载量最高的手机应用

抖音的主要用户群体中，超过60%的人是一二线城市的年轻人，这个群体不仅乐于接受新事物，而且消费能力也很强。相关数据显示，在抖音用户的消费总量中，中等消费占32%，高等消费占29%。抖音用户的消费场景主要集中在生活服务、网购和出行，这三大消费场景包含了日常生活的方方面面，涉及的产品品类也相当丰富。站在抖商创业者的角度来看，可供选择的创业项目很多，可以卖的货也非常多。

**③呈现方式更丰富**

在呈现内容方面，相比传统的图文内容，短视频具有绝对的优势。一方面，它的信息量更大，一条15秒或者60秒的短视频可以表达的内容远比几张图片要多得多，产品可以得到全方位的呈现，我们甚至可以在精彩的内容中植入商品广告，在潜移默化中达到转化的目的。

另一方面，看短视频已经成为人们重要的娱乐方式，一分钟左右的时长很适合打发时间，上下班途中、午间休息等碎片时间都被短视频填补了。这就意味着，利用短视频推广产品可以更快、更多地触达用户。

最后，抖音短视频可呈现的内容多，营销效果好，但是成本却很低。由于科技的发展，我们只需要一个手机就能轻松制作出画质清晰的短视频。只要你有手机，就可以注册抖音账号，开始你的抖商创业之路。

而且，抖音短视频的玩法也很丰富，可以用红人带货，可以做植入广告，可以发起挑战赛，还可以直播卖货。这么多营销方法，我们总能找到适合自己的那种。

**④粉丝黏性强，转化率高**

抖音天生具有强大的社交基因，用户与用户之间很容易形成互动，主播与粉丝之间的黏性也比较大，因此粉丝转化成客户的成功率也比较高。

消费者在淘宝或京东购物，往往高度依赖搜索和推荐，找到自己要买的商品后就直接付款购买，不会与卖家产生过多的互动。拼多多购物则围绕着拼团和砍价展开，消费者只需要求助自己的熟人，也不需要和商家产生互动。这两种购物形式都属于“买完即走”，至于下次来不来，就要看缘分了。

而抖音则不同，抖音主播和粉丝之间可以产生较强的黏性，而且短视频很容易激发粉丝的互动（转评赞）热情。比如，某个抖音网红在自己的视频中推广了某款产品，粉丝看到这个视频后要么立刻产生购买欲望并下单购买，要么先看其他用户的评价或了解产品详情，无论粉丝采取哪种行动，销售转化的成功率都是极大的。而且，粉丝购买后，还有可能把产品推荐给自己身边的朋友。

**⑤可以建立个人品牌**

“再小的个体也能有自己的品牌”这句话原本出自微信公众平台，这个推出了无数自媒体品牌的平台的确做到了，但它在“建立个人品牌”上贯彻得并不彻底。在微信公众平台上，更多的品牌都是属于企业或媒体机构的，属于个人的品牌少之又少，而且很多自媒体“大咖”（本意为大角色，引申为在某个领域里比较成功的人）都有媒体背景，很少有草根能在微信公众平台上出头。

而抖音却把“个人品牌”的理念发扬光大了，如果说微信公众号是媒体和精英的天下，那么抖音则是每个普通人的舞台，在这个平台上每个人都可以表达自我，每个人都有机会成为网络红人，每个人也都可以拥有自己的个人品牌。李佳琦、摩登兄弟、秋叶Excel、小金刚、代古拉K……这些名字都是一个个闪亮的个人品牌，如果你能抓住机会，你的名字也有可能成为家喻户晓的品牌。

**⑥抖音平台的电商理念**

为什么抖商会成为新的风口呢？这与抖音平台的电商理念是分不开的。从2018年开始，抖音平台陆续开通了商品橱窗、购物车、优惠券、抖音小店、小程序等功能，并接入了淘宝、京东等第三方电商平台。此外，抖音的母公司字节跳动还搭建了自有电商平台“精选好物联盟”，这些举措充分说明了抖音布局电商领域的雄心。

未来，抖音还会在电商领域有更多的动作，抖音将成为一个娱乐和商业结合的平台，它的商业价值也会更加凸显。创业者选择抖音平台，正好搭上了这班“快车”。相信随着抖音平台电商布局的扩大和深入，抖商的未来前景一定会更加美好。

其实，做电商归根结底就是做流量，哪里流量多、哪里流量便宜、哪里流量容易获取、哪里流量转化快，我们就要到哪里去。而抖音恰好拥有大把优质流量，我们为什么不选择它呢？如果你想创业，那么不妨抓住这个好机会。

## 1.4 如何把“社交圈”变成“生意圈”

抖商从本质上来说是社交电商。为什么这么说呢？因为社交电商是以微信、微博、抖音等社交媒体为传播途径，借助用户自己生产的内容来辅助商品推广和销售的电子商务，而且在交易的过程中关注、分享、评论、互动等社交元素发挥了重要作用。

简单来说，社交电商就是在社交平台上与粉丝互动并销售商品。抖音正是时下最流行的社交平台，所以我们说抖商是社交电商，做抖商就是要把“社交圈”变成“生意圈”。

说到社交电商，大家马上会想到微商，微商的火爆让“社交电商”这个名词为大众所熟知。但社交电商并不仅仅是熟人间的生意，而是面向所有群体的，我们可以在抖音这样的社交平台上把商品推销给所有的目标人群。仅仅在朋友圈里发广告，让身边的亲戚朋友来买我们的产品是远远不够的，我们不能仅仅局限于“朋友圈”和“熟人圈”，我们要做真正的社交电商。那么，我们要怎样利用抖音平台做真正的社交电商呢?

### ●找到志趣相投的粉丝

自2018年以来最红的短视频社交平台非抖音莫属，在这类社交平台中我们很容易找到和自己有共同爱好的粉丝，有了这样的粉丝，再想推销与兴趣相关的商品就不会很难了。比如，抖音上的宠物主播“菲猫乐园”通过发布宠物猫的视频吸引了一批爱猫的粉丝，同时她也在自己的抖音商品橱窗中销售各种宠物用品，顺理成章地把自己的抖音社交圈变成了生意圈。

我曾在抖音上看到过一个洗车店的店主，他经常发布关于洗车和保养车的视频，他有很多同城粉丝，通过积极的交流和互动，这位店主与很多同城粉丝建立了很好的关系，同城粉丝们经常特意到他的店里洗车，洗车店的生意也因此越来越好。这也是一个把社交圈变成生意圈的成功例子。

从以上两个案例中，我们可以看出找到志趣相投的粉丝，是抖商之路迈向成功的第一步。

## ●卖个人品牌和影响力

社交电商不是简单的卖货，而是通过建立关系、发挥影响力来实现销售产品的目的，当我们有了强大的个人影响力，卖产品也就顺理成章了。因此，只有打造出个人品牌，才能开始卖货。我们要成为行业专家，而不是销售员，因为行业专家的个人品牌更响亮，影响力也更大，销售员是远远比不上专家的。

抖音的用户群体普遍年轻，他们推崇个人价值，也更关注个性化的内容，个人品牌对他们的影响力甚至比产品本身还要大。个人品牌的背后是信任和认可，它可以帮我们迅速扩大影响力，获得更多粉丝，卖出更多产品。

塑造个人品牌要明确下面三个问题：

我的核心优势是什么？

我的目标客户是谁？他们在哪里？

我能为自己的目标用户解决什么问题？

弄清了这三个问题，我们就能对自己的抖音运营方向有一个清晰的认识，也可以开始初步构建自己的个人品牌了。

## ●通过弱关系建立强关系

要做好抖商，就必须不断增加粉丝的黏性，通过弱关系建立强关系，创造出属于自己的固定流量池。那么，什么是弱关系和强关系呢？

首先解释一下什么是弱关系，弱关系是指人们通过简单交流和互动产生的人际关系纽带，弱关系的表现是人与人之间互动次数较少，亲密程度不高，感情较浅，互相之间进行互惠交换的情况也很少，俗话说就是泛泛之交。放在抖音平台上就是“点赞之交”和“只关注不互动”，我们和抖音平台上的大部分粉丝都属于弱关系。

相应地，强关系是指交流比较频繁，互动比较多，感情比较深，信任程度比较高，互惠交换行为比较频繁的人际关系。举个例子，和我们互动不多的抖音粉丝属于弱关系，而经常聊天发消息的微信好友或群友属于强关系。

建立粉丝社群，把普通粉丝变成黏性超强的忠实客户，就是通过弱关系建立强关系的过程。只有把弱关系变成强关系，我们才能做大做强，才能持续经营。当然，除了建立粉丝社群以外，建立强关系的方法有很多，我们可以把抖音的粉丝引流到微信或QQ与他们建立更紧密的联系，也可以通过各种活动和优惠加强与粉丝的互动。总之，想做好抖商，就要不断深化与粉丝的关系。

有人说："所有的生意都值得用社交电商再做一遍。"我认为这句话有一定的道理，因为社交电商给了我们一个全新的角度，让我们有机会把"社交圈"变成"生意圈"。而抖商是目前最火爆的社交电商，只要你有想法、有创意就能吸引粉丝，与潜在客户建立关系，并开展自己的生意。

## 1.5 抓住抖音的核心，把粉丝变成客户流量

电商的核心是客户流量，抖商的核心就是把粉丝转化成客户流量，简单地说就是让粉丝购买我们的产品，成为我们的客户。粉丝与客户之间的距离说远也不远，说近也不近，如果我们能把粉丝变成客户，就能轻松变现，获得丰厚的盈利。如果我们不能把粉丝转化为客户，那么再大的粉丝量也只是一个数字而已。在本节开始之前，我们先来看一个案例，让我们来看看粉丝转化的重要性。

**案例 "柚子cici酱"把粉丝转化为客户，成功开启电商事业**

抖音红人"柚子cici酱"创造了半年吸粉近千万的奇迹，2018年12月4日，她发布了自己的第一个抖音视频，获得了20.8万个"赞"和8000多条评论，这个视频的主题是男生不能随便摸女生化了妆的脸，引起了很多女性朋友的共鸣。

2019年1月，“柚子cici酱”又发布了一个变装视频，这个视频让她收获了200万个“赞”，并树立了霸气女强人“柚总”的“人设”（形象定位）。短短半年多时间，“柚子cici酱”的粉丝数量就达到了900多万。

从第一个视频开始，“柚子cici酱”走的都是“剧情+美妆”的路线，她树立的个人形象也不同于其他的可爱甜美妹子，而是霸气职场女强人。与众不同的个人形象、优秀的颜值和有创意的视频让“柚子cici酱”快速积累了一大批粉丝，她的最高记录是一周涨粉100万。

在拥有了这么多粉丝以后，“柚子cici酱”迅速开启了“卖货”模式，通过抖音的商品橱窗、购物车等功能和自己强大的带货能力把粉丝变成了客户。她在视频中用到的大部分美妆产品都会成为粉丝抢购的对象。“柚子cici酱”成功地把粉丝转化成了客户流量，把自己的人气变现。

从“柚子cici酱”的成功案例中我们可以看到，粉丝是变现的基础，所以我们要设计自己的形象、打磨自己的内容来达到吸粉的目的。但是，我们运营抖音账号的终极目标是变现，吸粉只是其中的一个过程，并不是我们的最终目标。

## ●粉丝量不是最终运营目标

很多人做自媒体或者做抖音号时，刚开始都做得很红火，也积累了很多粉丝，可是慢慢地都“死”掉了，这就是没有把粉丝变成客户流量的结果。现在已经不是那个自媒体野蛮生长的时代了，一个优秀的抖音账号需要的不仅仅是粉丝量，还有内容生产能力和变现能力。

很多做抖音运营的人都会陷入一个误区，那就是把粉丝量、点赞量、转发量、评论量、活跃度等数据作为运营目标和考核指标，在这种错误的指导思想下，很多人会去刷粉、买粉。在我看来买来的粉丝是没有任何作用的，因为他们无法为我们带来销售转化。

是不是粉丝量就不重要呢？当然不是，我们看中粉丝数量的同时也要注重粉丝质量。与其每天关注“我的粉丝有多少”，还不如考虑一下“我的目标粉丝有多少”，目标粉丝就是与我们账号定位相符的粉丝。比如，我们做了一个美妆抖音号，那么我们的目标粉丝就是年轻女性，她们才是有可能转化的、高质量的粉丝。

在这里，我想和大家分享一个公式：影响力×粉丝质量×核心粉丝数量=抖音号价值。

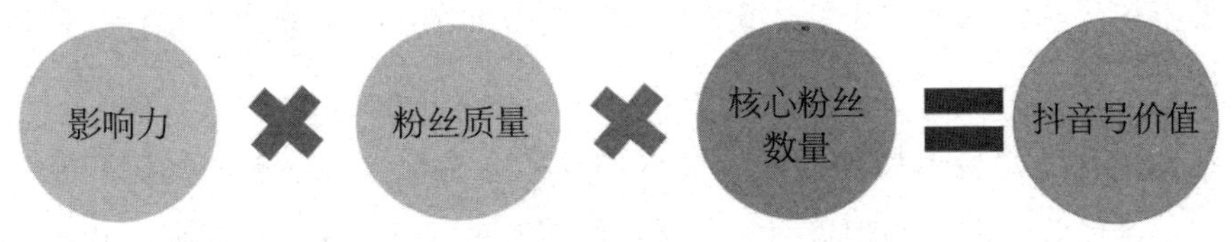


抖音号价值公式

怎么理解这个公式呢？举个例子，有一个专门转发和搬运各类搞笑小视频的账号，粉丝达到了一百多万，而且点赞量也经常破万，但是却没有人找这个账号做推广，原因有两点：

第一，这个账号粉丝量虽然大，但是定位不精准，什么样的人都有，企业宁愿找粉丝少一点儿的垂直账号（专门做某个领域内容的账号）去做推广，也不愿意选择这个账号。

第二，关注这个账号的粉丝只是为了找个乐子，并没有多少黏性，即使账号推广了产品，粉丝也不会买账，反而会因为这个账号发了广告而脱粉。

所以，粉丝在精而不在多，粉丝质量才是最重要的。100万个定位模糊的粉丝，还不如20万精准定位的忠实粉丝，因为后者的转化率比前者要高得多。

## ●内容要为变现服务

做出一两个爆款视频后就消失不见的抖音账号不在少数，它们之所以消失，一方面是没有持续生产优质内容的能力，另一方面是没有把内容和变现联系在一起，换句话说，就是内容没有为变现服务。

打个比方，我们要在抖音上卖零食，就要做和美食相关的视频，然后在视频中推广和植入自己的产品，才能吸引粉丝购买，达到变现的目的。发一个与产品毫不相关的视频，对转化是没有帮助的。

总而言之，想卖什么样的产品，就要吸引什么样的粉丝；想要吸引什么样的粉丝，就要做什么样的内容。在后面的章节中，我会详细讲解关于内容和定位的知识。

### ●建立信任、提供价值

要把粉丝转化为客户流量，我们必须从两方面做起，一是建立信任，二是提供价值。

建立信任就是要保持和粉丝的交流和互动，当粉丝选择关注我们的账号以后，一定希望获得我们的积极回应。而我们在发布视频和推广产品后，也很需要粉丝的真实反馈，只有保持互动才有沟通和交流的机会，有了沟通和交流，才能建立起信任关系。

提供价值就是要关注粉丝的需求，并满足他们，只有从我们这里获得他们想要的，粉丝才会选择关注。如果我们能持续为粉丝提供价值，那么我们与粉丝之间的黏性就会不断加强。有了黏性和信任，粉丝转变为客户就是水到渠成的事了。

把粉丝变成客户流量是抖商的核心，吸粉只是过程，让粉丝掏钱买单才是最终目的。所以，我们千万不要陶醉在涨粉的假象里，而是要想一想这些粉丝能否转化为我们的客户，真正掏钱买我们的产品。

## 1.6 为什么很多“抖红”很难变现？——没有“以始为终”

很多人都认为，做抖商就是要成为抖音红人（即抖红），然后再卖货。这种理解不能说是错误的，但确实不够全面。抖红与抖商之间是有着很大区别的。

先说说什么是抖红。经常在抖音平台上发布视频，有一定活跃度，也有一定粉丝基础的用户可以被称为抖音红人，也就是所谓的抖红。抖红的粉丝量并没有固定标准，有的领域上百万粉丝才能被称为抖红，而有的领域几万粉丝就是红人了。

做抖红的关键是粉丝量，而做抖商的关键是变现能力，很多抖音红人都卡在了变现这一关，因此，他们很难从抖红转变为抖商。

究其原因，是因为很多人都没有做到以始为终，从一开始就没有想好变现模式和运营策略，导致账号做起来了，空有粉丝却没有找到合适的商业模式，最终只能弃号。我们要做好抖商，就必须明确抖音账号的变现模式和运营策略。

## ●明确变现模式

我建议大家做抖音账号的时候，一定要首先明确自己的目标，是卖货、做广告变现，还是做品牌推广？变现的路径和模式是什么？预期的盈利又是多少？只有想好了这些问题，才能带着目标去努力。

目前，抖音变现的模式有卖货、接广告、卖课程、推广合作、导流到其他平台变现等。我们可以根据自身的资源来选择变现模式，如果有货源就可以卖货，如果有专业知识或相关资源可以卖课程，如果有颜值、有才艺可以接广告、做推广。

## ●找到合适的运营策略

我们在运营抖音账号的时候一定要带着目标，除了前文说到的要明确自己的变现模式以外，还要明确自己的运营策略。最好的办法就是找到同类优质账号，然后以它们为目标进行学习和模仿。

首先，我们要利用抖音的搜索功能找到自己的对标账号，然后再拆解对标账号的选题、拍摄手法、文案、发布时间、配乐、更新频率和数据，从多个维度分析该账号的爆款视频，找出其中能为我们所用的点。分析完对标账号以后，我们对自己账号的运营策略也会产生一个初步的概念。

抖音账号的种类有很多，有搞笑型、表演型、干货型……我们在做账号运营时要基于自身特点和产品特点为自己贴上标签。这个标签就是账号的定位，可以表达账号的调性和内容，有标签和定位的账号才有可能脱颖而出。贴标签、定调性也是抖音运营策略的一部分。

## ●小步快跑，及时复盘

我们在运营抖音账号时，要遵循“小步快跑、及时复盘”的原则。每发布一个视频，我们都要进行总结和复盘，找出优点和长处加以保持，对做得不够好的地方要及时优化和调整。每个视频发布后的复盘可以简单一些，但积累一段时间数据以后，我们就要进行精细化复盘，复盘的内容包括：

近段时间的视频数据如何？点赞、评论、转发和关注是上升了还是下降了？

有哪些数据是符合或超出我们预期的？

有哪些数据不符合我们的预期？

这些数据不符合预期或超出预期的原因是什么？我们做了什么导致了最后的结果？

粉丝的反馈如何？是积极的，还是负面的？

接下来我们应该如何优化自己的内容和运营策略？

及时复盘可以帮助我们更有效率地运营账号，而且有利于沉淀有价值、可复用的经验。我们的运营策略和视频质量也能在一次次复盘中得到提升。每一次复盘都是一次总结和学习的机会，我们一定要认真对待，千万不要敷衍了事。

最后，我想提醒大家的是，运营抖音账号不仅要提前做好规划，还要记得抬头“看路”，时刻留意平台规则的变化和政策风向的变化，只有这样才能做到以始为终，达到最终目标。

## 1.7 商家如何成为抖商，增加销售额

抖商对很多人来说都是打破眼前困局的灵丹妙药，为什么这么说呢？一般来说，最适合做抖商的人有四种，他们分别是创业者、传统电商从业者、迟迟无法变现的抖红和陷入传统生意困境的人。

创业者的困难是资金难筹、商业模式难求、创业风险太大、团队人才难找；传统电商新从业者面临的困境是红利耗尽、流量昂贵、市场饱和、竞争惨烈；抖红的困惑是定位不清、无法变现、转型困难和无人运营；传统生意人的困境是没有客流、广告难投、利润下降和团队难留。其实这些困难都可以通过做抖商来化解，在前面的章节中，我们已经提到抖商的优势，这里就不再赘述了。总而言之，做抖商对很多人来说都是一个转机、一个最佳选择。

那么，抖商究竟要如何做呢？

### ●如何成为抖商，增加销售额

前文中提到的每类人都有各自不同的情况，遇到的困境也不同，所以做抖商运营的方法和目的也不尽相同。

**①实体店主**

很多实体店存在店面冷清、库存积压的情况，店主每天都在退店和继续坚持之间徘徊。实体店主需要通过抖音把客流引到店里，让线上的粉丝到店消费，或者利用抖音在线上卖货。

**②传统电商**

传统电商的引流成本居高不下，推广费用也越来越高，对于经营者来说，它就像一块鸡肋，食之无味，弃之可惜。如果你也面临这种情况，就可以通过抖音把顾客引流到自己的店铺，或者授权其他的抖音账号帮你分销产品，让店铺再次“活”起来。

**③抖红未变现者**

这类人群拥有不少粉丝，但他们却卖不出货，店里的东西无人问津。造成这种情况的原因是粉丝不够精准，需要找到精准的目标粉丝，并把他们转化成顾客。

**④普通抖音玩家**

普通抖音玩家要么属于自娱自乐型，对于有没有粉丝根本不在意，要么就是没有找到涨粉的方法。如果你是第二种情况，就应该学习一些吸粉和引流的技巧，并逐渐向抖商的方向发展。

**⑤微商**

微商的红利期已经过了，有些做微商的朋友不仅家里压了一堆货，而且还因为发广告被朋友们屏蔽了朋友圈。这时，他们最需要的是抖音，发挥自己的专长，用抖音圈粉，并转化变现，把压在家里的货都清出去。

**⑥新媒体运营**

很多新媒体运营者都面临留不住人的窘境，明明花了很大力气做内容，但用户却根本不买账，阅读量上不去，转化率也很低。我的建议是利用抖音来助力新媒体运营，把不同平台的账号打通，让视频、文章和销售整合在一起，实现资源共享。

**⑦企业品牌运营**

在这个信息爆炸的时代，打造品牌的成本越来越高，人们越来越注重个性化，越接地气的品牌影响力就越大。因此，品牌商也需要抖音来助力，用最低的成本来塑造品牌故事、品牌渠道、终端形象和产品销售。

**⑧准微创业者**

为什么叫准微创业者呢？因为这批创业者既缺乏创业资金，又没有创业经验，想创业却没有时间。如果你也是准微创业者，那么，做抖商就是你的一个很好的选择，你可以选择加入一个靠谱的平台，把进货和运营交给平台去做，自己只负责拍视频。这样一来，既能兼顾本职工作，又能实现创业梦想。

以上8种类型的人群需要不同的抖商解决方案，怎样才能一次性解决他们的问题呢？还是那句话，找一个靠谱的平台，让专业的人提供专业的建议。背靠平台，你能少走很多弯路，少犯很多错误，也节约了自己摸索花费的时间和精力，这样一来，你就可以专注打磨内容，让自己的短视频创业之路走得更稳。

# 注册篇

## “草根”开抖操作指南，走好短视频创业第一步

走上短视频创业的第一步就是注册一个抖音账号，手机号、QQ 号、微博号、头条号都可以注册，我们可以选择适合自己的注册方式。注册好账号之后,还要对账号进行“装修”，并开通商品橱窗功能，为以后的卖货和变现做好准备。如果有条件的话，还可以认证企业“蓝 V”号，获得更多权限。

## 2.1 抖音的注册方式

要做抖商创业，首先得有一个抖音账号。可能很多人是初次接触抖音，还不了解怎样注册抖音账号。其实，抖音账号的注册方法很简单，注册途径也有好几种，手机号、QQ号、微博账号、头条号都可以用来注册抖音。下面，我们一起来看看具体的操作方法吧。

### ●用手机号注册

当你下载抖音APP，并打开它后，会出现一个推荐页面。这时，先别忙着浏览推荐内容，赶快完成注册才是最重要的。下面是注册抖音账号的具体步骤：

第一步：点击屏幕右下方的“我”，进入注册页面。

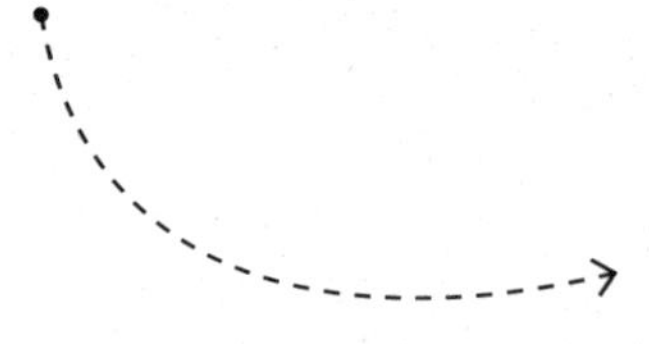

抖音“推荐页面”

第二步：进入注册页面后，点击“本机号码一键登录”

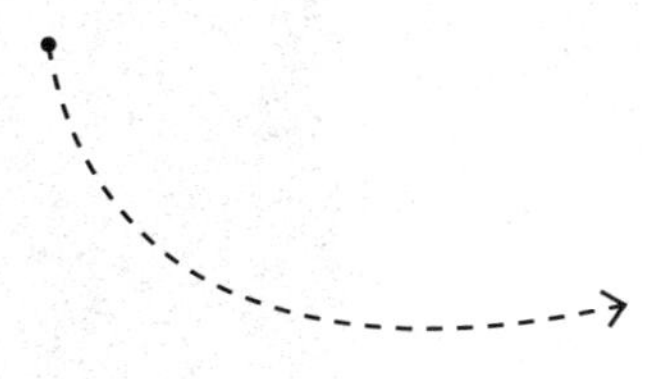

抖音“手机注册页面”

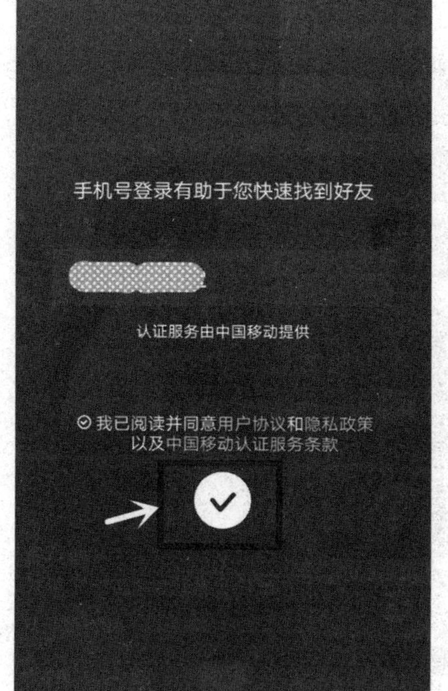

本机号码注册页面

第三步：图片方框中出现本机号码，阅读下方协议和条款后，点击屏幕下方的“√”。

点击上图所示的“√”后，会弹出“完善资料”页面。

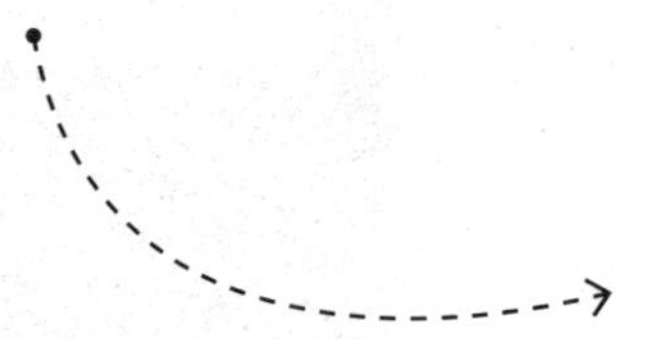

“完善资料”页面

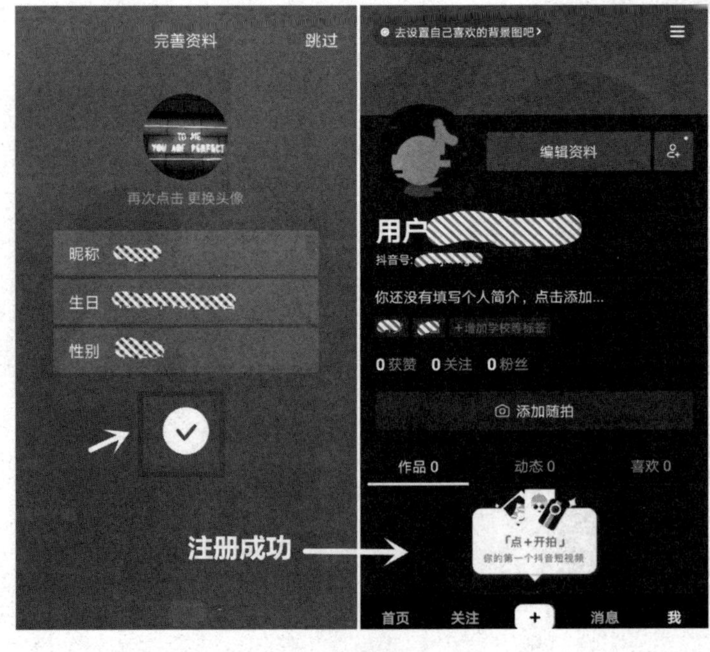


注册成功

第四步：根据自己的情况填写资料。填完资料后，再点击屏幕下方的“√”就注册成功了。当然，基本资料在后期是可以修改和优化的，我会在后面的章节中详细介绍。

我们在用手机注册抖音时，不仅可以用本机号码，也可以使用其他的号码来注册，只需要点击注册页面的"手机验证码或密码登录"，再输入要用于注册的手机号码进行验证和注册就行了。

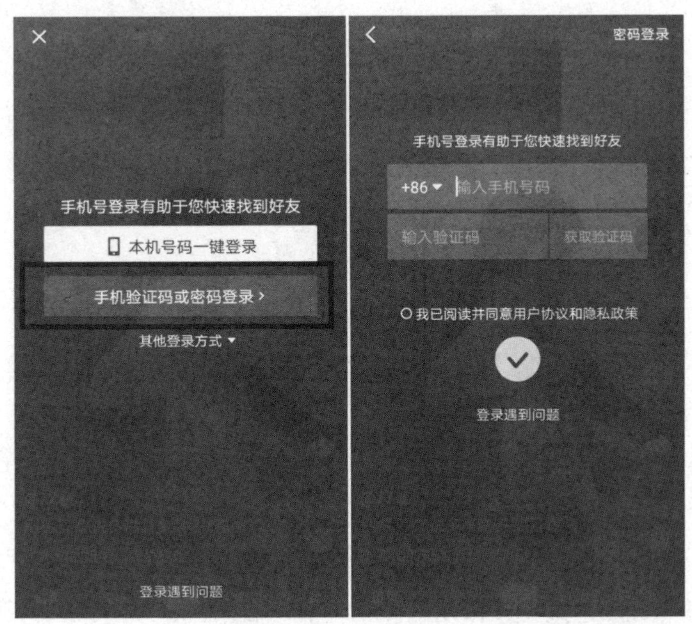


用其他手机号注册抖音

除了用手机号注册以外，我们还可以采取其他方式来注册。

## ●用QQ号注册

进入抖音注册页面后，点击"其他登录方式"后，我们可以看到4种注册方式。

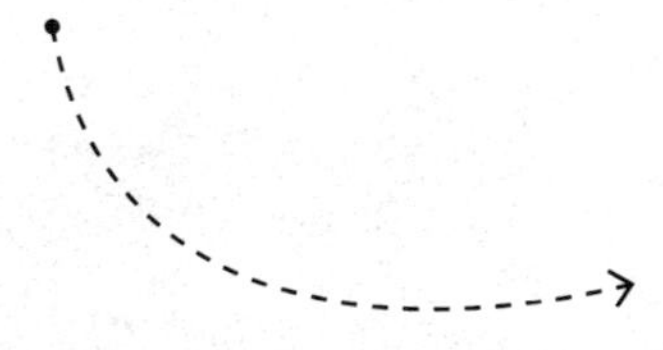

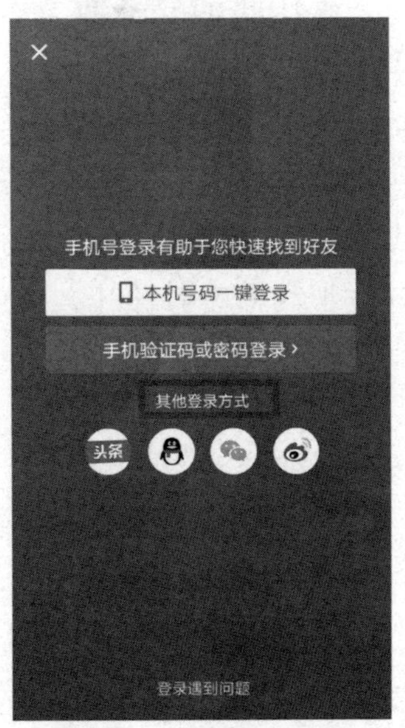


抖音的其他登录方式

接着，我们点击QQ图标，弹出账号关联页面，点击“登录”就可以注册了。

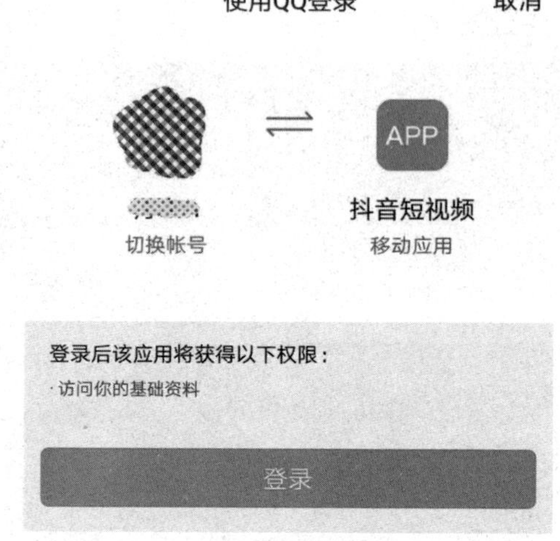


用QQ号注册抖音

在这里，我要提醒大家的是，从2019年1月开始，由于“抖音未获得微信登录的权限”，所以，目前抖音用户无法通过微信号注册和登录抖音。而之前已经用微信号注册过抖音账号的用户，也必须绑定手机号以后才能正常登录。

## ●用微博号注册

如果你有微博账号，也可以用微博账号来注册和登录抖音，点击“其他登录方式”中的微博图标，把微博账号和抖音关联，就可以注册抖音账号了。

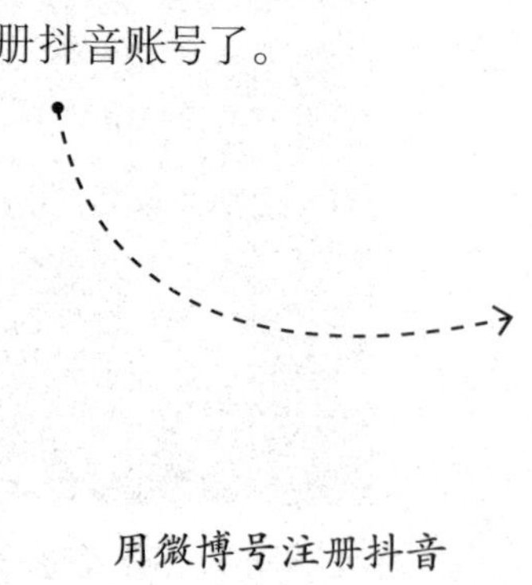

用微博号注册抖音

### ●用头条号注册

用头条号注册抖音

头条号也可以用来注册抖音，点击“其他登录方式”中的头条图标，会弹出头条登录页面，你只需输入注册头条的手机号码、验证码和短信验证码，再点击“登录并授权”就可以成功创建抖音号了。

以上就是抖音账号的注册方法，有了账号，就可以开始拍摄抖音视频了，点击个人主页下方的“+”图标，就能进入拍摄页面了，点击屏幕下方圆形图标就可以开拍了。你也可以为自己的抖音视频添加音乐、滤镜和各种特效。

抖音视频的拍摄方法很简单，只要试几次你就能完全掌握。抖音自带的各种特效你也可以抽时间慢慢研究，找到效果最好的、最适合自己的特效。

有了抖音账号，你是不是已经等不及要大展拳脚了呢？先别急，在正式运营抖音账号之前，我们还需要把账号“装修”一番。

## 2.2 抖音账号的“装修”

如果我们买了新房子，第一件事就是装修，注册抖音账号后的第一件事也是“装修”，这样做的目的是为了凸显我们的个人特色，给粉丝留下美好的第一印象。因此，我们一定要重视抖音账号的“装修”，为抖音账号的运营开一个好头。

抖音账号的“装修”包括四个方面：昵称、头像、背景图和个人简介，这几大要素是一个抖音账号的“门面”，它们可以决定粉丝对主播的印象，甚至会对该账号的流量造成直接影响。因此，我们应该重视自己的账号装修。

## ●为自己取一个好听的昵称

每个抖音号都是唯一的，并且只有一次修改机会，但是昵称却可以多次修改。不过，我们在选择昵称时应该先考虑好，选定一个昵称就要长久地用下去，如果经常改昵称，不仅会造成粉丝的流失，还会让抖音账号的定位变得十分模糊。

**①设置和修改昵称的步骤**

首先，我们来看看怎样修改和设置昵称。

第一步：打开抖音APP，点击屏幕右下角的“我”进入个人主页，并点击“编辑资料”。

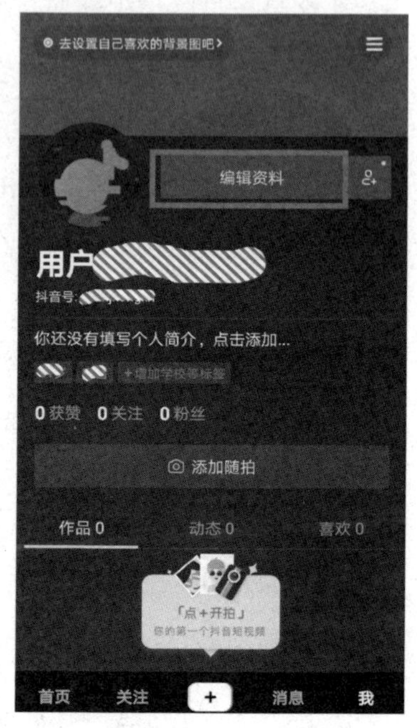


抖音个人主页

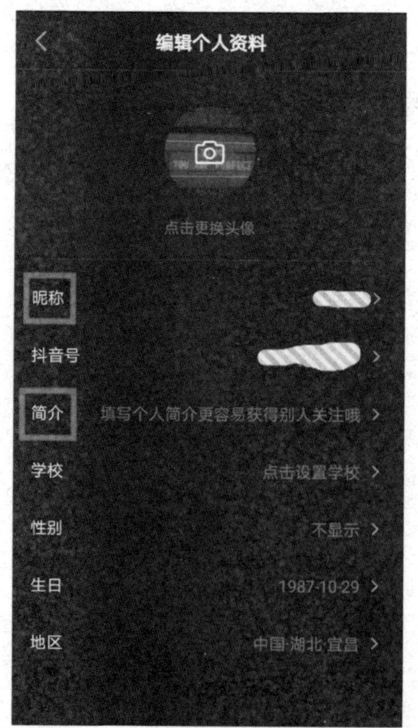


第二步：进入“编辑个人资料”页面，对自己的昵称、简介等个人资料进行修改和编辑。

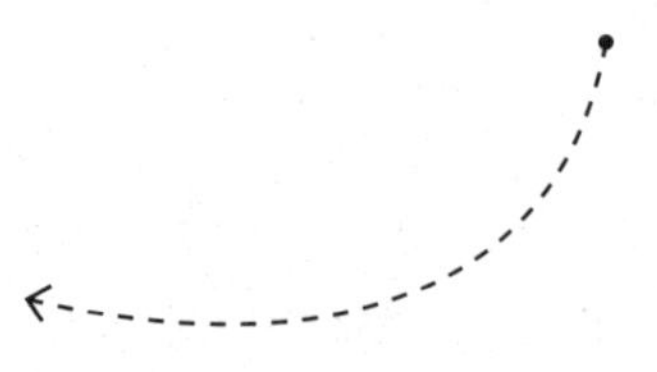

“编辑个人资料”页面

②**取昵称的五大方法**

要打造抖音网红IP，实现抖商梦想，首先就要取一个好名字。有人可能会说："好名字都被别人取完了。"的确，取昵称有时候需要一些灵感和创意，但我们可以从别人的好名字中找到一些方法和"套路"，为自己设计一个令人印象深刻的昵称。下面有五大取名方法，希望能对大家有所启发。

（1）昵称中加入地名

在昵称中加入地名是一种很好的取名方法，也很容易获得同地域粉丝的关注，抖音达人"北京丹"和"西安千斤大小姐"的昵称中都有地名。

（2）使用叠字

在昵称中加入叠字也是一个很好的方法，不仅朗朗上口，也可以加深粉丝对你的印象。比如，抖音达人高火火的叠字昵称就让人印象深刻。

（3）昵称中加入数字、字母

我们还可以在自己的抖音昵称中加入数字和字母，让自己的名字更有个性，比如，黑脸V、代古拉K、七舅脑爷等抖音网红的昵称中都有数字或字母。

（4）用动物取名

我们也可以用动物来取名，这样可以增加一些趣味感。很多抖音用户在取昵称时都运用了这个方法。

（5）利用谐音

谐音可以制造趣味性，也能够引起关注和话题。"章三疯"这位抖音红人的昵称就巧妙利用了谐音，令人印象深刻。

我们在取昵称时，一定要结合自己的个人定位和视频内容，昵称应该与整个账号的调性相符。除此以外，取昵称还应该遵循"好记、好理解、好传播"的原则，不要使用生僻字、词，最好使用大家都耳熟能详的词语，这样更有利于推广和传播。

## ●让自己的简介更"吸睛"

简介虽然只有短短的一句话，但是却有着很重要的作用，它可以表明主播的身份和特点，也能决定抖音账号的吸粉效果。

比如，抖音用户“美妆酱可可”的简介是：“韩国IFBC认证美妆师，教你变美小技巧，快关注我吧。”她用“韩国IFBC认证美妆师”说明了自己的专业身份，“教你变美小技巧”则说明了视频的主题是美妆技巧，如果粉丝对这方面的内容感兴趣就可以关注她。

## ●头像是第一印象

如果你有使用其他社交类软件的经验，比如QQ、微信等，你就一定懂得头像的重要性。在抖音，头像同样十分重要，头像决定了粉丝对主播的第一印象，所以为自己选一个好头像是非常重要的。

那么，我们应该如何设置自己的头像呢？

**①设置头像的方法**

第一步：打开抖音APP，点击屏幕右下角的“我”进入个人主页，并点击头像。

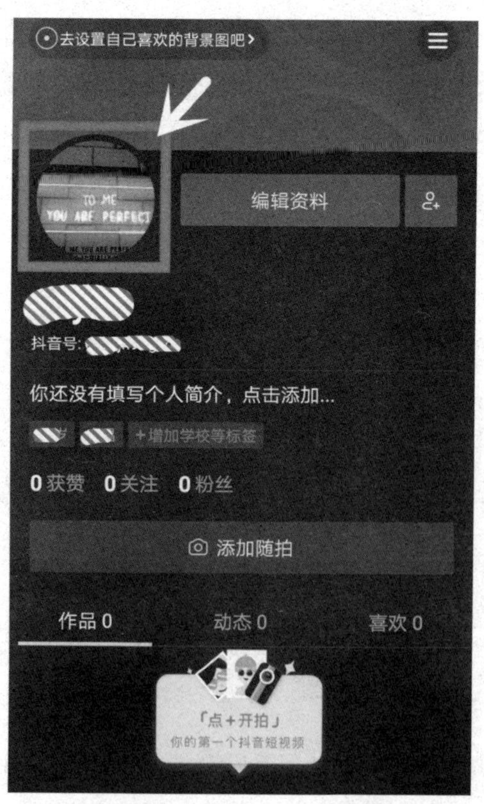


进入个人主页，点击头像

点击“更换”，拍摄或在相册内选择合适的图片作为头像。

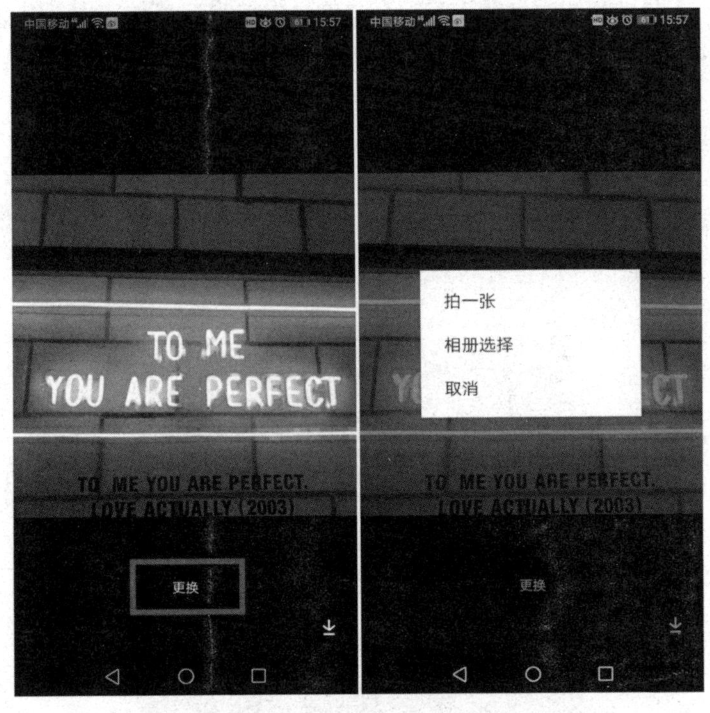


更换头像

我们也可以点击主页中的“资料编辑”，在“编辑个人资料”页面中更换头像。

**②选择头像的标准**

头像是一种视觉语言，它可以传达主播的个性和整个账号的调性，一个合格的好头像应该满足以下五个标准：

第一，如果要运营的是个人抖音号，最好选用自己的正面照，如大头照或者半身照，整个画面应该以人像为重点。

第二，如果是企业抖音号，则应该用企业的商标图案，或者用品牌的标识。

第三，头像应该带给别人正面印象，要让人产生好感，太过另类的头像有可能会引起反感。

第四，头像要符合整个抖音账号的定位和风格，不管是用人像还是用其他图片作为头像，都要和账号的风格统一，否则就会有很轻的违和感。

第五，头像要有重点，不要用背景过于复杂的图片做头像，更不要用多人图片当头像，这两种图片都会造成喧宾夺主的负面效果。另外，用二维码或产品做头像也是不可取的，这样的头像很容易引起粉丝的反感。

## ●背景图里也有吸粉套路

背景图就是个人主页最上方的图片，可以直接点击设置。千万不要小看这张小小的背景图，它的背后也有满满的吸粉套路哦！

个人主页中的“背景图”

背景图的设置方法非常简单，但是选择什么样的图片做背景却有大学问。

如果我们想让背景图的重点更突出，画面更美观，就要把背景图的重点内容放在恰当的地方。

一般来说，背景图的尺寸是1125像素×663像素，假设下面的示意图是一张抖音背景图，那么，图中深色的部分显示重点内容的区域，尺寸为633像素×633

像素。我们在制作背景图时，应该把重点内容尽量放在深色的区域，因为这个区域不会被压缩，而且在下拉时也能被放大，无论粉丝怎样操作都能一眼看到重点内容。

背景图中的重点部位

有人可能会说，抖音运营的重点是短视频，背景图并不重要，这样的想法是错误的，好的背景图能起到提升转化率的作用。我通过观察和研究抖音大咖们的背景图，总结出了几种比较有特色的背景图样式。

**①个人照片，强化品牌**

如果你想运营一个辨识度比较高的个人账号，那么你就可以使用自己的照片，做自己的代言人。比如，抖音红人李佳琦的主页背景图就是用了自己的照片，辨识度很高。

**②自我介绍，突出亮点**

背景图是抖音个人主页中最抢眼的部分，我们可以充分利用它来突出自己或者账号的特点。比如，我们可以像抖音账号“末那大叔”一样用简短的文字介绍视频的主题。

**③心理暗示，引导关注**

我们还可以利用背景图来引导用户关注，引导的方式可以是心理暗示，也可以是“卖萌”。比如，抖音上的知名美食主播“爱做饭的芋头SAMA”就在背景图上用文字引导粉丝关注，而且还加入了她视频中的口头禅“搅合搅合”，不仅有趣，而且凸显了她的个人特色。

**④暗藏心机，引起好奇**

有的背景图看起来简单，实际上却暗藏心机。比如，抖音主播“喵不可言”的背景图只显示了一半，如果粉丝因为好奇而下拉背景图，图片下半部分就会显示“这样有好奇心，很适合关注我”。这样暗藏心机的背景图，让粉丝立刻就能感受到该账号的有趣和新奇。如果你的抖音账号的定位也是“有趣”的话，不妨尝试一下这种方法。

以上就是抖音账号主页的“装修”方法，希望你能找到自己的特点，为自己设计出好的昵称、简介、头像和背景图。不过这些都只是辅助，想要获得真正的吸粉能力，还是要修炼“内功”，在视频的拍摄和账号的运营上下工夫。

## 2.3 抖音商品橱窗怎么开通，需要哪些条件

抖音卖货的方式有很多，最常见的就是“商品橱窗”功能。这项功能的开通门槛比较低，即使是抖音新用户也可以轻松使用。而且这项功能是抖商的入门功能，以后卖货都要靠它。

很多抖音用户都已经开始利用抖音的商品橱窗功能卖货了。只要你开通了商品橱窗功能，就能分享淘宝链接，达到引流、带货和变现的目的。在本节中，我将和大家分享开通抖音商品橱窗功能的方法以及条件。

### ●商品橱窗功能的申请条件和相关权益

商品橱窗又叫“电商橱窗”和“商品分享功能”，它的开通条件比较简单，主要有三条：

（1）粉丝量≥0；

（2）发布视频数量≥10；

（3）通过实名认证。

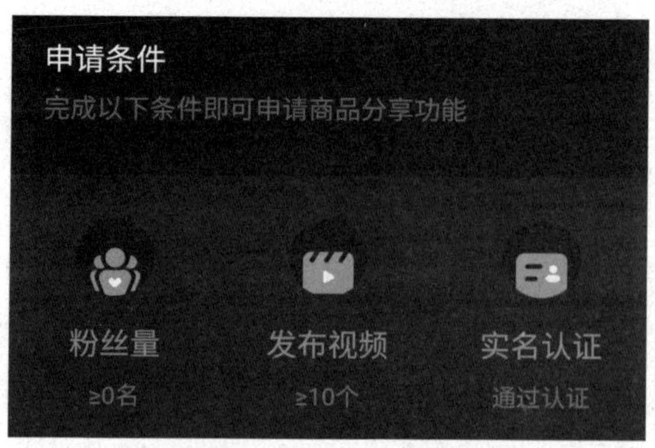

抖音商品橱窗的申请条件

只要满足上面三个条件，就能开通商品橱窗功能。开通这项功能以后，你就可以获得下面几项权益：

（1）在个人主页上拥有个

人商品橱窗；

（2）可以为自己发布的视频添加商品，并进行售卖；

（3）可以在直播间添加商品，并进行售卖；

（4）拥有视频流量推广功能（DOU+），能够把你的视频推广给更多的人。

## ●商品橱窗功能的开通方法

下面，我们一起来看看商品橱窗功能的开通方法。

第一步：点击“我”进入个人主页，点击屏幕右上方的三条小横杠，弹出选项卡。

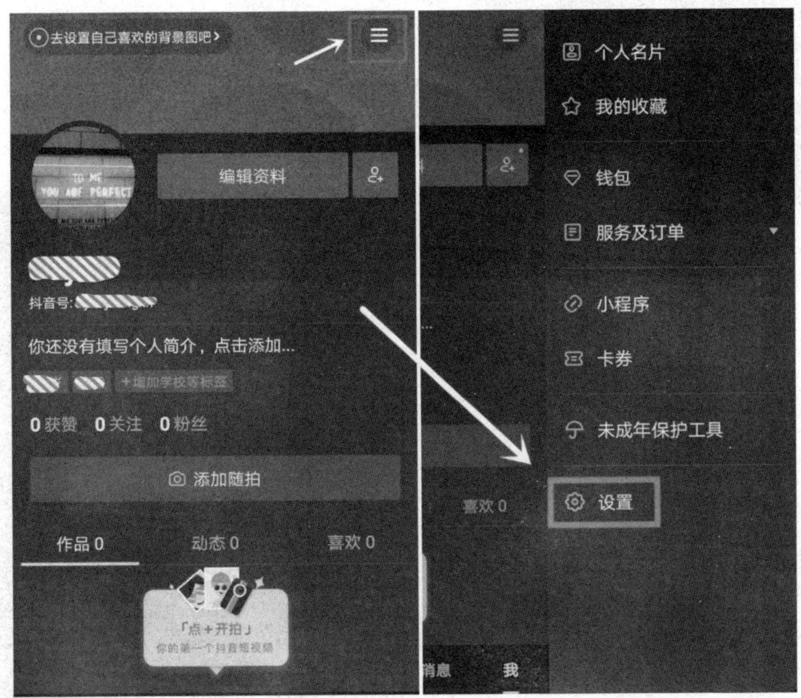


开通商品橱窗功能第一步

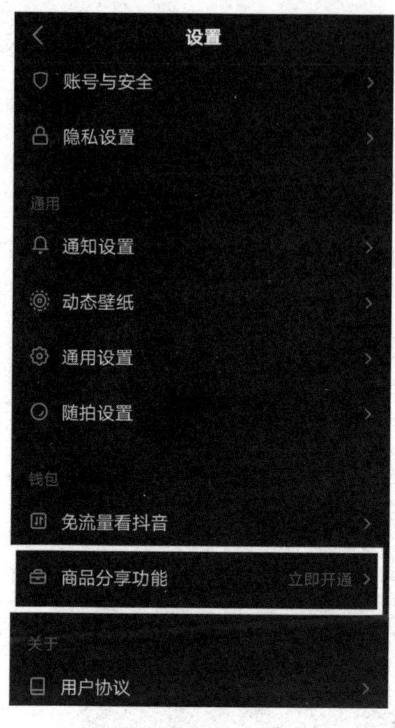


开通商品橱窗功能第二步

第二步：点击“设置页面”的“商品分享功能”选项。

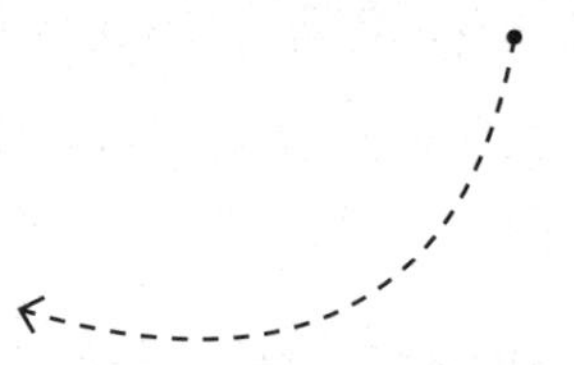

第三步：如果已经满足开通条件，屏幕下方的“立即申请”图标就会亮起来，点击即可。

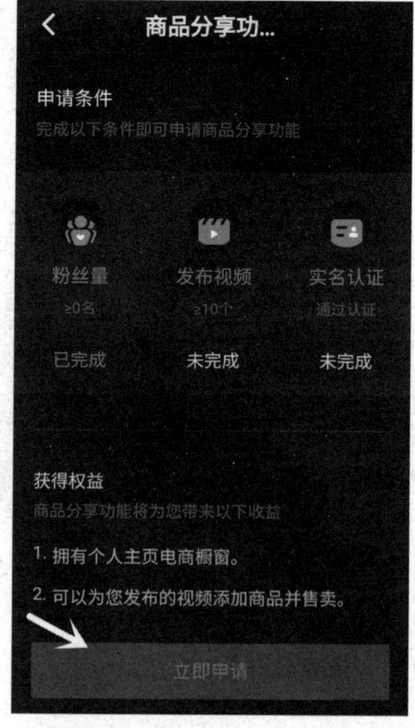


开通商品橱窗功能第三步

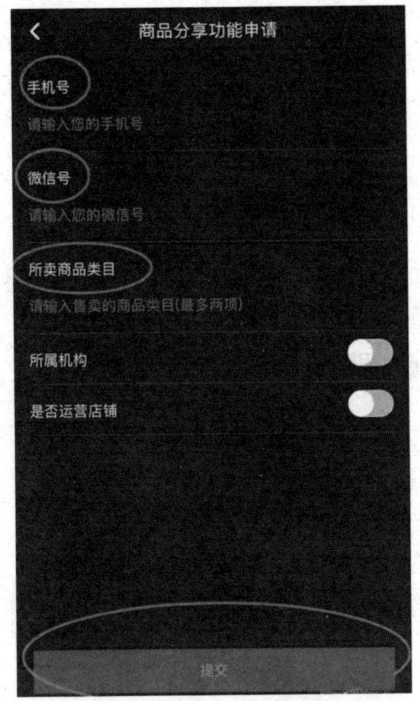


开通商品橱窗功能第四步

第四步：填写并提交个人信息和商品信息。

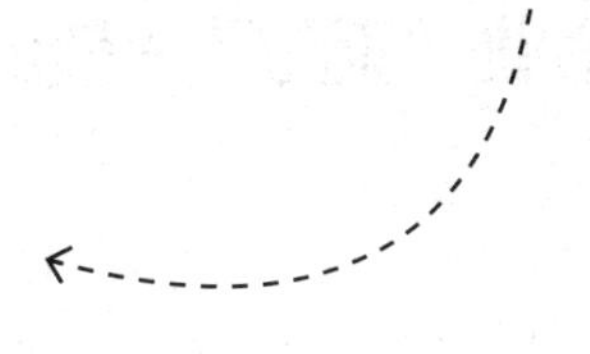

第五步：申请通过后，点击电商工具箱，并添加商品。

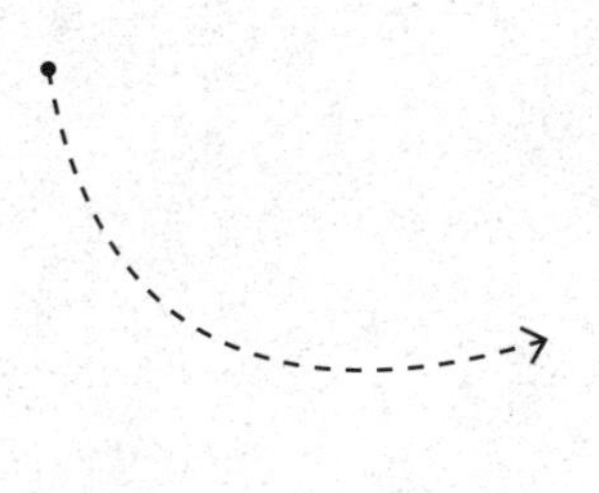

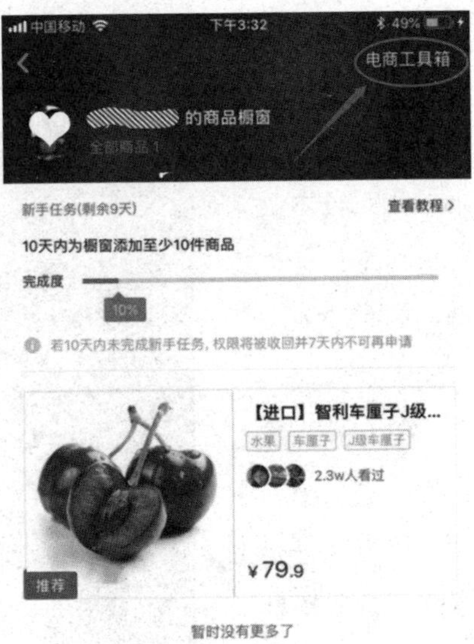


开通商品橱窗功能第五步

申请完成后，你就可以在自己的首页看到“商品橱窗”的入口了，我们可以在“商品橱窗”里添加商品，当粉丝点击进入后就可以浏览和购买你的商品了。添加商品的方法我会在“变现篇”中详细讲解，这里就不细说了。

好了，以上就是开通商品橱窗的方法和条件，是不是很简单呢？如果你也想开启自己的短视频创业运营之路，就赶快拿起手机来尝试一下吧！

## 2.4 抖音企业“蓝V”号如何申请认证

我们在刷抖音时，会看到很多有“蓝V”标志的抖音号，这些账号都是企业号。申请了企业“蓝V”号以后，就可以在抖音上宣传企业的产品和品牌形象了。那么，具体应该怎样操作呢？下面我们一起来看一下。

### ●企业“蓝V”号的认证方法

在申请认证企业“蓝V”号之前，我们要先注册一个抖音号，本章第一节已经讲了注册方法，这里就不再赘述了。我们直接来看看“蓝V”号的申请步骤。

第一步：点击“我”进入个人主页，点击屏幕右上方的三条小横杠，弹出选项后，点击“设置”。

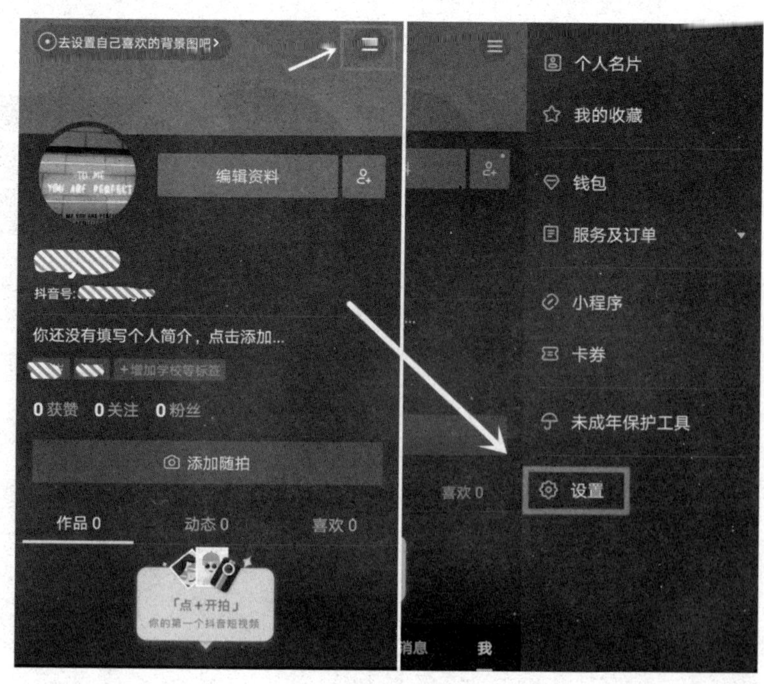


“蓝V”号申请认证第一步

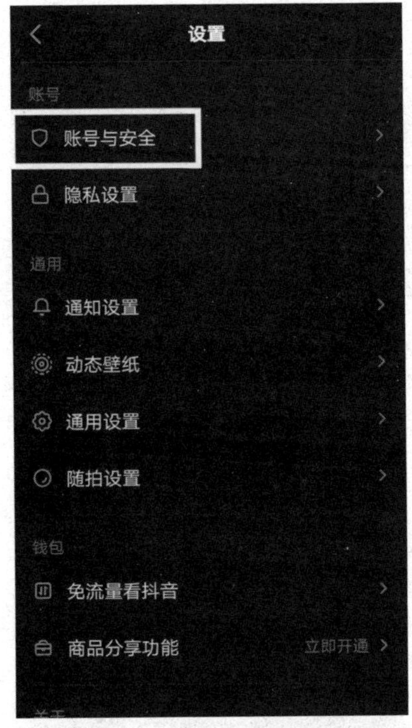


第二步：点击“设置”页面的“账号与安全”。

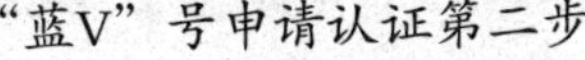
“蓝V”号申请认证第二步

第三步：进入“账号与安全”页面后，选择“申请官方认证”。

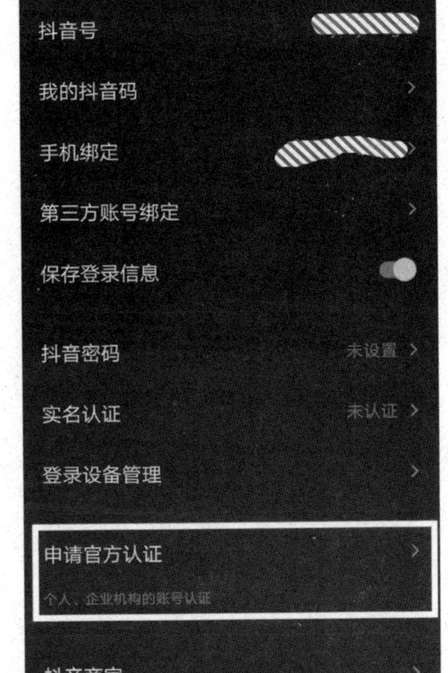


“蓝V”号申请认证第三步

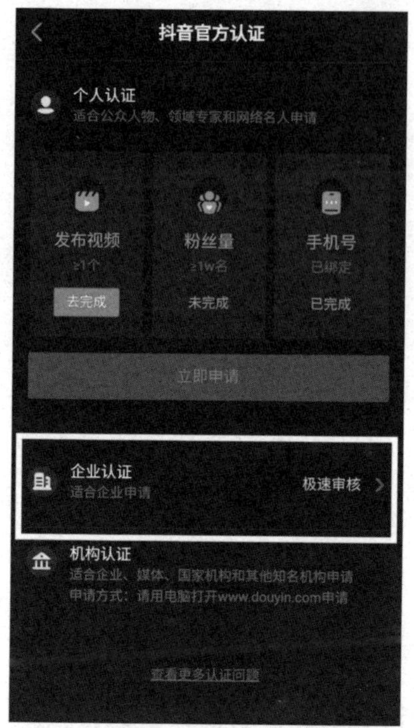


“蓝V”号申请认证第四步

第四步：进入“抖音官方认证”页面后，选择“企业认证”。

第五步：进入企业认证页面后，我们可以看到认证所需的材料和费用，按照示例的要求把材料准备齐全后，就可以点击“开始认证”了。

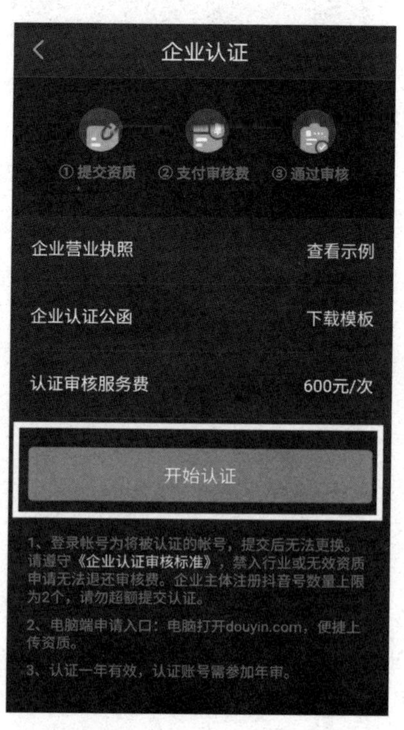


“蓝V”号申请认证第五步

第六步：按要求上传相关材料，填写相关信息，最后支付申请费用，就可以点击“提交”，并等待审核通过了。

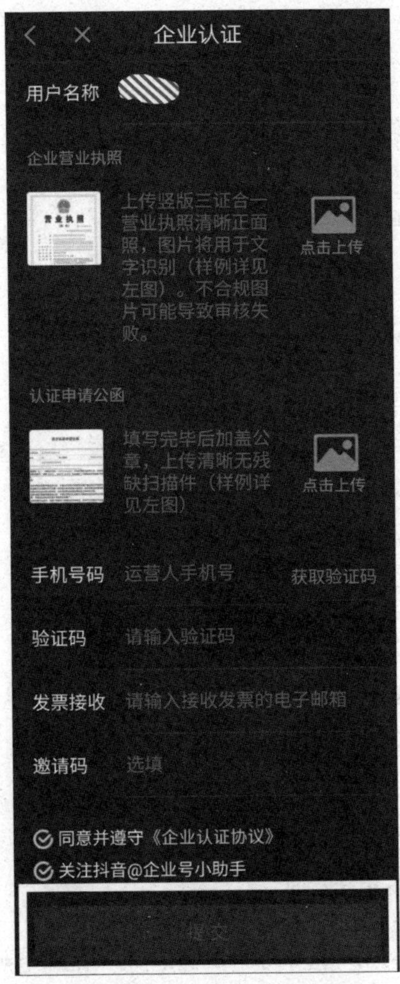


“蓝V”号申请认证第六步

以上就是申请企业“蓝V”号的步骤，一般情况下，只要准备好相关材料，按要求申请，都能够通过审核。

## ●申请认证企业“蓝V”号的注意事项

有一些用户按照上面介绍的步骤申请认证了企业“蓝V”号，可是审核却没有通过，这是为什么呢？原因有两个：一是申请材料有问题，二是企业不符合认证条件。

**①哪些申请材料会导致审核不通过**

（1）营业执照信息不完整、不真实，与工商局登记的信息不符。

（2）申请公函不符合要求，“企业认证申请公函”可以在申请页面下载，填写后一定要加盖红色公章，不可使用财务章、合同章、人事章代替。另外，公函的扫描件必须保证清晰。

（3）如果存在伪造证件、伪造公章的行为都是不能通过审核的，并且有可能承担法律风险。

**②哪些企业不符合认证条件**

（1）经营范围涉及医疗、博彩、互联网金融、微商、枪支弹药、管制刀具、两性产品、整容和生殖健康等领域的企业，目前不能获得抖音的官方认证。

（2）如果用户头像、昵称与营业执照上的公司名称不符或者不相关，这种情况是不符合认证条件的，将导致审核失败。

（3）如果企业名称与营业执照上的主体名称不符，或者包含敏感词、修饰词等，也是不符合认证条件的，也不会通过审核。

以上这些情况都会导致审核失败，所以我们在申请认证企业“蓝V”号时一定要避免出现这些情况，必须如实填写申请信息，提供真实、可信的认证材料，才能保证认证成功。

## ●企业“蓝V”号的权益

那么，申请认证了企业“蓝V”号的抖音用户能获得哪些权益呢？我总结了企业“蓝V”号的八大重要特权，这些特权对于企业在抖音平台上的推广是十分有利的。

**①可获得官方“蓝V”认证**

申请认证了企业“蓝V”号以后，用户头像下方会出现“蓝V”标志，主页也会显示认证信息，可以凸显账号的官方性和权威性。

**②可用背景图展示企业宣传内容**

企业“蓝V”号用户可以自定义背景图，展示企业的产品和品牌，直接吸引粉丝关注。

**③昵称搜索排名第一**

经过认证的企业“蓝V”号昵称会在搜索结果中排在第一位，让粉丝可以快速找到你。

**④昵称锁定**

企业“蓝V”号的昵称会被抖音官方锁定，具有唯一性，可以有效防止假冒。

**⑤视频发布特权**

大家都知道，个人账号要发布时长1分钟的视频，必须满足“粉丝≥1000”的条件，而企业“蓝V”号可直接发布时长1分钟的视频，而且可以在主页置顶3个视频。

**⑥官网链接和POI认领**

企业“蓝V”号可以在主页增加官网跳转图标，让粉丝可以直接访问企业官网。企业商家还可以认领POI（兴趣点）地址（如实体商铺等），让粉丝直接定位企业或者店铺的位置，提升信息曝光度和流量转化。

**⑦数据洞察特权**

企业“蓝V”号可以获得后台数据分析服务，包括各项运营数据、主业数据、粉丝互动数据等。

**⑧营销工具特权**

抖音平台面向企业“蓝V”号推出了许多营销工具，比如DOU+和抖店等，有些工具需要付费才能使用，但会对我们的运营起到十分积极的作用。

当然，以上八项只是比较重要的企业“蓝V”号的特权，所有的特权远不止这些，我们可以在运营的过程中慢慢去发现和运用。对于想要转型走上抖商道路的商家来说，开通“蓝V”只是一个开始，后期还要迎接更多的挑战。

# 养号篇

## 账号养得好，涨粉没烦恼

想要快速涨粉，就要养出高质量的抖音号，新注册的抖音账号要保证一机一卡一号以及资料完整，还要保证视频内容的调性一致。有了这几个前提以后，我们就要开始通过日常操作来提升账号活跃度了，因为活跃度高的账号能够从抖音平台获得更多的流量。另外，我们还要摸索出最合适的视频发布时间，并保证稳定的更新频率，才能快速涨粉。

## 3.1 四个方法教你养出高质量号

要做好抖音运营，就必须懂得养号。养号的主要目的是为了增加账号的初始权重。简单来说，养号的目的就是让你在发表短视频作品以后，可以获得系统的流量推荐。有些新号发表的每个视频都只有几个或者十几个播放量，就是因为养号工作没有做好，没有获得正常的流量推荐。如果连正常的流量都得不到，上热门就更加不可能了。因此，我们在运营抖音号的初期，一定不能省略养号的环节。

刚刚注册的新号、长时间没有使用的老号以及更换设备登录的老号都需要一段时间的养号操作。说到养号，很多人的第一反应就是多分享视频、多点赞、多关注，这个思路没有错，但操作不当就有可能适得其反。

比如，有些人一上来就发一大堆视频，而且视频既不是原创内容，也没有明确的分类，这种操作是非常不可取的。首先，你的账号很有可能会被系统判定为营销号，而一旦被判定为营销号，就无法得到任何流量，这对新账号来说是非常大的打击。其次，过于杂乱的内容会让账号失去清晰的定位，账号的定位要在运营之初就做好规划，千万不能“走一步看一步”。

一般来说，抖音平台更趋向把流量分配给高质量、原创、垂直内容的账号，所以，我们应该珍惜自己的账号，从养号抓起，做高质量的抖音账号。那么，具体应该怎样操作呢？下面给大家介绍养号的四个方法。

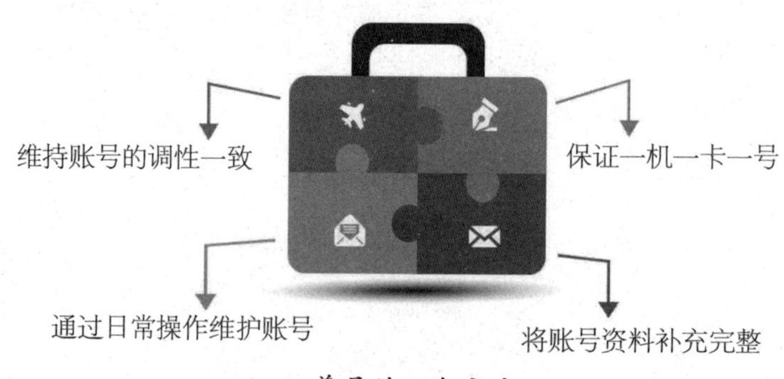


养号的四个方法

## ●保证一机一卡一号

我们在运营抖音账号的时候，一定要保证一台设备一个抖音号，如果有多个账号，一定要使用不同的手机登录。而且同一个Wi-Fi下最好不要登录多个账号，账号多的话，就要用手机流量运营，只有这样才能保证每个号都有单独IP。如果条件允许的话，最好每个手机都有一张单独的卡，并且要使用实名注册的卡。

还有一点要提醒大家的是，不要频繁更换登录设备，因为这样的操作容易被系统判定为异常。如果要同时使用多个手机运营多个账号，那么最好把手机的Wi-Fi功能禁用，以免手机在你不知道的情况下自动联网，造成多个账号的IP重复。

## ●将账号资料补充完整

头像和昵称如果确定了就不要随意修改，特别是昵称，填写了就不要再修改。当我们有了一些流量和粉丝之后，随意修改昵称会造成大量“掉粉”。

个人简介中不能有任何敏感信息，关于这一点，千万不要抱有侥幸心理，因为即使当时通过了，后期也会被系统重置。当粉丝达到一定数量之后，我们可以在简介中留下QQ或微信等联系方式，以便引流和转化。

最重要的是，要尽快完成实名认证，因为实名认证能提升账号的可信度，系统在推荐流量时也会优先选择实名认证的账号。

## ●通过日常操作维护账号

为了提升账号的权重，我们还要积极地进行日常操作和维护，比如点赞、评论、关注、分享和看直播等。不过，在具体操作时，一定要注意以下几点。

**①评论在精不在多**

不要为了评论而评论，大量重复的评论会被系统判定为营销号，是扣分的行为。而高质量的评论则可以帮我们吸粉，抖音上有很多热门评论都有好几万的点赞量。

②要关注不同的入口

养号要关注不同的入口，首页推荐、同城推荐、热搜榜单、直播、挑战等入口都应该去看看。通过关注不同的入口，我们能够快速掌握热点内容，并尽快熟悉抖音平台的各个板块。

③养号的各项操作要平均

养号能否成功，要看账号的综合水平，评论、点赞、分享、看视频缺一不可，只做单独某一项是行不通的。如果你点了300个赞，那么其他操作的数量也要保持在相当的水平，不能有太大的差别。

有人可能会问，要养好一个抖音号，需要点多少个赞、看多少个视频？其实，这没有具体的数量和标准，因为影响一个账号权重的因素是多方面的，保持稳定和平均才是最重要的，千万不要今天一个赞都不点，明天却疯狂地点好几百个赞。

④贵在坚持

养号的日常操作每天都要进行，不要三天打鱼两天晒网。如果不能做到坚持和稳定，前期所花的工夫就很有可能白白浪费。

## ●维持账号的调性一致

账号要发什么内容，在注册时就应该想清楚，明确了内容定位，养号的操作也可以更有针对性。比如，你的账号以后会发与美食相关的内容，那么你点赞、关注、评论和分享的视频也应该是与美食相关的，看的直播也要与美食相关。这是为什么呢？

因为，抖音账号主页中有“动态”和“喜欢”两个板块，粉丝进入这两个页面后就可以看到这个主播喜欢什么、看了什么、评论了什么、收藏了什么。为了使账号的调性一致，你关注、点赞和收藏的内容应该和你发布的视频保持相关性。而且这么做还有两个好处。第一个好处是可以向同行学习，学习他们的选材角度、拍摄技巧、呈现方式等。第二个好处是可以为以后视频的推广打下基础，比如，你经常看美食类的视频，那么你发的视频也会被优先推送给喜欢美食类视频的用户。

关注同类视频还有一个目的，就是把自己的兴趣点告诉系统，让系统为你打上标签。比如，你经常搜索美食类视频，关注美食类主播，抖音就会为你打上美食的“标签”。有了这个“标签”，你的账号特点会更加鲜明，领域会更加垂直，在发布视频以后，你也更容易获得流量。

以上就是养号的四大方法，只要你按照方法认真操作，相信一定能养好新账号。关于养号，我还有几点要提醒大家注意：

第一，养号期间最好不要发布视频，如果号没养好就发视频，也不会有多少播放量，把号养好再发，才能收到事半功倍的效果。

第二，养号的周期一般为3～7天，当你刷到的视频和你要做的内容相吻合，属于同一类型时，就说明你养号成功了。不过，只看同类型视频也能达到这样的效果，所以养号成功还有一个前提，那就是你按照前面的四大方法认真操作了。

第三，新号的前几个视频如果只有几十个播放量，就说明权重非常低，可能需要重新养号，提升权重。如果前5个视频都没有播放量，那就说明账号已经被系统判定为营销号、“僵尸”号，遇到这种情况，你唯一的选择就是再注册一个账号重新养号。对新号来说，一个视频200到300的播放量是正常的，如果达到了几万或者十几万，就说明你的视频内容非常优秀。

第四，养号不能投机取巧。慢慢培育一个新号，需要付出一些时间和精力，于是有些人就采取投机取巧的办法，去刷量、刷赞，甚至去买号，这些方法都是不可取的。因为这种批量操作产生的号往往质量都很差，甚至早已经成了“僵尸”号。

## ●前三个视频一定要原创

养号完成后，就可以发布视频了。对于新账号来说，前面的几个视频非常关键，而且前三个视频一定要原创，并且要用抖音自带的功能去拍摄。这一点非常重要，但是却会被很多人忽略。

抖音平台越来越重视原创，只有原创号才能获得较高的初始权重。如果新号的前几个视频都是搬运类或图文类，那么，即使你的号养得再好，也不会获得多少流量。所以，不管你拍得好不好，前三个视频一定要原创。

如果想认真地、长久地运营抖音号，把抖商做下去，就要踏踏实实地养自己的号，千万不要投机取巧。而且养号是一个长期的过程，千万不要认为前期养好号，后期就可以为所欲为了。要知道，账号的各项数据随时都会发生变化，操作不当很有可能导致掉粉或封号，在后期的运营中我们也要注意维护自己的账号。

## 3.2　如何提高账号活跃度

在抖音上，账号活跃度是一个非常关键的指标，它关系到流量推荐的多少，和粉丝的数量与黏性。如果你的账号的活跃度不高，那么相应的账号权重就会降低，系统分配给你的流量自然也会减少。而且，想要获得粉丝关注，得到粉丝的支持，就要积极主动地与粉丝交流和互动。因此，我们在运营抖音账号的时候，一定要想办法提升账号的活跃度。

首先我们来了解一下，账号活跃度要如何查看。

### ●抖音账号活跃度要怎么看

抖音账号的活跃度可以通过第三方平台来查看，在这里给大家推荐一个比较常用的抖音第三方数据平台——抖大大，通过这个平台大家可以查看抖音红人的评论、点赞、播放量、涨粉量等数据，也可以监控自己的数据。

及时关注账号的各项数据可以帮助我们及时调整运营策略，我们还可以在抖大大平台上查看同类红人账号的数据，清楚地了解自己和别人之间的差距，自己应该从哪个方面提升。现在是大数据的时代，我们也应该借助数据来运营自己的抖音账号。

那么，抖音账号的活跃度要怎么看呢?

搜索“抖大大”进入官网，再通过微信扫码登录就能使用平台上的各项功能了。我们可以通过这个平台来监测账号的数据变化，并根据变化调整运营方法和视频的内容。

了解了查看和监控账号活跃度的方法以后，接下来，我们来看看要从哪几个方面来提升账号的活跃度。

## ●怎样提升抖音账号活跃度

想要提升账号活跃度，我们就要重点关注抖音的“消息”页面，点击屏幕右下方的“消息”，就可以进入该页面了。

抖音“消息”页面

在“消息”页面，我们可以查看新增粉丝、点赞、评论和@、随拍互动的消息提醒，只要点开消息就可以查看谁给我们点了赞，谁评论了我们、@了我们，谁给我们发了随拍互动，以及增长了哪些粉丝。了解了这些情况以后，我们就可以有针对性地与其他人展开互动了。

**①粉丝**

我们应该及时关注自己的涨粉和掉粉情况，如果别人关注了我们，我们也应该及时关注对方。对于还处在养号阶段的新账号来说，及时“回关”是非常重要的，这样可以增加粉丝的信任度和关注度，也更有利于培养一批忠实粉丝。

在账号建立的初期，每一个粉丝都十分珍贵，我们一定要用心经营，当粉丝发送私信时，应该及时回复，粉丝提的意见也应该认真听取，并结合自己的实际情况进行改进。

**②点赞**

通过查看点赞数量，我们可以知道自己的视频还有多大的进步空间，如果点赞数不高，就应该及时改进。另外，如果粉丝为我们点了赞，我们也应该及时表示感谢，并为对方点赞或关注、评论对方的视频作品。

**③评论和@**

当我们收到好友@时，应该及时查看并给对方点赞和评论，我们也可以主动@自己的好友和粉丝，提醒对方关注我们新发布的作品，以增加互动性。

评论是我们应该重点关注的板块，如果我们收到精彩或有价值的评论，一定要及时回复，多与粉丝互动。每次发完视频后，我们都可以抛出一些观点或话题，引导粉丝讨论，评论越多，账号的活跃度就越高，视频也会因此被推荐给更多的人。

我们不仅要关注自己作品的评论，还要关注其他视频下面的评论。当我们浏览其他人的视频时，应该积极发表有意义的评论，精彩有趣的评论同样可以吸粉。当我们看到热门评论时，也应该积极参与讨论，吸引更多潜在粉丝的关注。

**④随拍互动**

“随拍互动”是抖音新上线的一个功能，可以随手拍摄生活中的美好瞬间并与好友和粉丝分享，我们发布的视频会直接在粉丝的主页中显示，好友发布的随拍也会在我们的主页显示。不过只有互相关注的好友，才能看到对方的随拍。我们可以多发一些随拍，与粉丝互动，增强黏性，收到好友发的随拍以后也应该及时回复。

发随拍的方法很简单，点击主页左上角的相机图标就可以直接拍摄了。

拍摄“随拍”的方法

以上就是提升账号活跃度的方法，希望能对大家有所帮助，提升账号活跃度的关键在于“关注”和“坚持”，我们要始终关注账号的动态和数据，还要坚持与粉丝和其他潜在目标互动，吸引关注，增强黏性。

## 3.3 快速让新号涨粉的四大技巧

做抖音号运营，从来都是得粉丝者得天下，那些坐拥千万粉丝的红人，无论是做推广还是卖产品都能取得很好的效果。想做抖商创业，粉丝是关键，可是不少人都卡在了涨粉环节上，粉丝量始终上不来。本节我将和大家分享抖音新号涨粉的四大技巧，希望能帮助大家突破瓶颈，收获大批粉丝。

## ●靠内容取胜

抖音是一个很重内容的平台，只有优质内容才能获得流量和粉丝，因此，我们想要涨粉就要靠内容取胜。

抖音视频之所以有让用户着迷的“魔性”，就是因为它们能满足用户的好奇心，有新鲜感，能激起用户的共鸣。所以，我们在拍摄视频时要找有新意的视角，拍出有创意的内容。

那么，什么样的视频比较容易吸粉呢？我总结了以下几种不同的视频类型，帮助大家一起梳理爆款视频背后的逻辑。

**①图文类视频**

现在的抖音视频大多是真人出镜，图文类视频似乎已经无法吸引粉丝，也不能带来流量了。其实，并不是这样的，图文类视频只需要把图片配上音乐就能制作一段短视频，对新手来说比较容易上手，素材也比较多，情感类、育儿类和职场类的图文视频还是比较受欢迎的。

要做好图文类视频，我们必须掌握以下两个关键点，这两个关键点关系着我们的视频能否成为爆款。

第一个关键点是图片排版。图片数量不要太多，5到10页即可，每页呈现一个要点或一个技巧即可，整张图片上面的文字不要多于200字。图片排版要求简洁明了，不要有太过花哨的背景图案，否则会影响粉丝观看。图片上的文字要清晰和突出，重点内容用红色加粗来强调。

第二个关键点是完播率、点赞、评论转发。抖音对视频的完播率做了要求，时长15秒的视频，必须全部播完；时长60秒的视频必须播放到45秒才能视为完全播放。而只有完播率达标的视频才能进入下一拨流量推荐。如果你开通了60秒长视频权限，那么你拍摄的长视频时长如果不能达到60秒，也一定不能少于45秒，否则每次播放都会达不到完播率指标。

**②街头采访类视频**

2018年下半年，一个叫“成都小甜甜”的女孩火遍了抖音，也把街采类视频的热度推到了最高。街采类视频就是在街头采访路人，设置问题请路人回答，或者请路人参与游戏等，街采类视频的形式很多样，而路人的临场反应（也可以是事先排练好的）则是最大的看点。

街采类视频一般有以下几个特点：

第一，会设置反转，让观众意想不到，以此吸引关注。

第二，设计了剧情和场景，有些街采视频看起来是随机采访，但其实是经过设计的。

第三，街采视频的话题一般都比较有争议性，这样的话题更容易引起关注和讨论。

第四，高颜值真人出镜，街采视频中出镜的一般都是颜值比较高的帅哥和美女，这样才会有“吸睛”效果。

**③美食类视频**

抖音上的美食类视频“捧红”了海底捞、coco、答案茶等品牌，也让西安、成都、重庆等美食之都频频登上热搜。美食类视频是最容易涨粉的，也是最多人观看的，所以，我们可以考虑拍摄美食类视频。

不过，做美食类视频的人很多，竞争也非常激烈，想要从中脱颖而出并不是一件容易的事。美食类视频一般分为四大类，分别是探店、旅游、试吃、制作美食。制作美食需要一定的厨艺，而前面三种则需要主播有一定的表现力，能给观众传递美味的感觉，还要会点评美食（可用旁白）。

美食类视频一般都由真人出镜，吃的东西也以网红美食或地方特色美食为主，打卡地点也以网红店为主，拍摄方式基本上都是场景介绍加上真人体验。由于需要真人出镜，所以出镜主播的形象很重要，要么高颜值，要么有特色。美食号能不能做得长久，还要看团队的能力，而且这类账号很多，在同质化竞争的情况下，想要被粉丝记住，就要做出特色来。

很多抖音新手把吸粉看得很复杂，总是考虑很多，其实我们只要抓住一个重点就可以了，那就是做出有创意的内容，靠内容取胜。我不止一次地说过，抖音平台更青睐优质原创内容，会为其分配更多的流量。涨粉的核心方法永远都是提升内容质量，这是没有捷径可走的。

### ●保持稳定的更新频率

和其他短视频平台一样，抖音也需要保持稳定的更新，前期一般要保证每天更新一个视频，只有这样才能保证尽可能高的账号活跃度。只有经常更新视频，才能在粉丝面前刷“存在感”，否则很难获得抖音平台的流量推荐，也很容易掉粉。更新时间可以根据自己的内容来定，至于最佳更新时间，我会在后面的章节中专门讲，这里就不多说明了。

值得注意的是，我们还可以在视频中加入引导词。第一种引导词是引导粉丝看到最后的，目的是提升完播率，比如：“看到最后有惊喜。”第二种引导词是引发讨论的，目的是增加评论和互动，比如：“看完后你有什么想法吗？”第三种引导词是引导关注的，目的是进一步吸粉，比如：“关注我的都是美女！”第四种引导词是引导分享的，目的是增加转发率，比如：“看完记得分享给你的朋友哦！”

保持稳定的更新频率是持续涨粉的保障，想要做好抖音账号，就要有自律的精神，严格遵守更新时间，不要三天打鱼两天晒网。

### ●积极参与话题活动

参加活动也是一个很不错的涨粉技巧，活动和话题可以增加我们的曝光度，让更多人看到我们，进而关注我们。所以，只要抖音平台上有适合我们的活动，就应该积极参与。我们可以时不时看看抖音的热搜榜，看看有哪些热门话题。热门话题的流量不容小觑，能为我们带来不少关注。

### ●和其他账号互粉、互推，从其他平台导流

和其他账号互粉、互推也是一个很不错的涨粉方法，我们可以在抖音平台上与其他账号互粉互推，也可以加入粉丝群，在群里互推、互粉。我们在互粉和互推时要找比自己粉丝多或者和自己粉丝数量相差不大的账号。

抖音是一个社交属性很强的平台，我们在思考“如何快速涨粉”的时候，可以借鉴其他社交平台的涨粉经验。也可以从其他的平台导流，如果你经营过其他

社交平台账号，比如微博、微信等，并积累了一定数量的粉丝，那么你可以把粉丝从那些平台导流到抖音，这样可以大大地增加涨粉的效率和效果。

以上就是抖音号的涨粉技巧，只要你愿意坚持做优质原创内容，又有足够的创意，那么在抖音平台上获得粉丝就不是一件很难的事。

## 3.4 新号在什么时间段发布视频会涨粉

在抖音发视频能不能涨粉，是由很多影响因素共同决定的，而发布时间是其中一个关键因素。本节我们就来探讨一下抖音视频在什么时间段发看的人最多，最容易涨粉。

### ●抖音视频的黄金发布时间

一般来说，在用户活跃的高峰期发布视频，涨粉的概率会更大，因为用户活跃的时段，看抖音的人更多，点赞、评论等互动行为也更多。前文中我们讲过，视频的播放量、点赞量、评论量越多，获得系统流量推荐的机会就越大，所以涨粉的机会也更多。因此，抖音视频的发布时间和用户活跃的时间段是息息相关的。

根据2018年2月易观数据发布的“抖音视频点赞数时间分布图”，我们不难看出，抖音的用户活跃度时间是比较长的，从上午9点一直持续到晚上11点，中间几乎没有太大的降幅。也就是说，除了睡觉时间以外，人们都会刷抖音。时长只有15秒到60秒的抖音短视频，让人们可以在工作和学习的间隙随时观看。

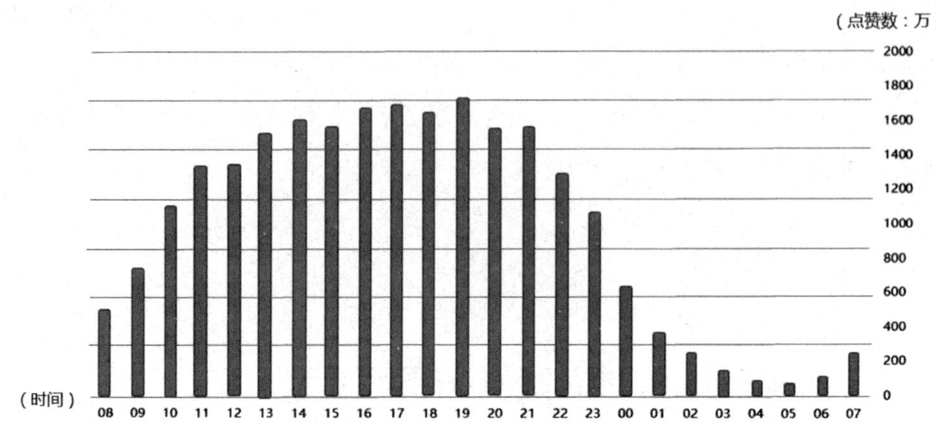


2018年2月抖音视频点赞数时间分布图（数据来源：易观数据）

从上图中我们可以看出，午饭后（13:00）到下班时间（18:00）是用户点赞数最多的时段，也是用户最活跃的时段。另外，根据易观数据的调查，饭前和睡前是人们最爱刷抖音的时间，60%的用户会在这两个时间段看抖音视频，还有11%的用户选择在其他碎片时间刷抖音，比如上下班的路上、午休时间或下班前的空闲时间。

说了这么多，一天中发布抖音视频的最佳时间段到底有哪些呢？

对抖音新手来说，发布抖音视频的黄金时间可以总结为“四点”和“两天”，“四点”是指四个最佳时间点，“两天”是指周末两天。

**①四点**

周一到周五的每一天中都有四个发布抖音视频的最佳时间点，在这四个时间点发布视频更容易获得播放量和粉丝，这四个时间点分别是：

（1）早上7点到9点

这个时间段是人们起床上班、上学的时间段，刚起床时有的人会刷抖音提神，上班路上人们也会用抖音打发无聊的通勤时间，而且在这个时段里人们最关注新鲜事和热点事件。

（2）中午12点到下午1点

这是午休时间，忙碌了一上午，人们可以趁这个时间刷刷抖音，看看自己喜欢的视频，让自己放松一下。还有的用户有边吃饭边刷抖音的习惯，午饭时间也会被他们用来看抖音视频。

（3）下午4点到6点

很多上班族在这个时间已经基本忙完了一天的工作，可以看看抖音，边休息边等待下班。还有的人已经在回家的路上了，刷抖音正好可以打发时间。

（4）晚上9点

在这个时间段，人们已经吃完晚饭，处理完家务，终于可以放松地躺在床上或沙发上了。这个时候应该干什么呢？当然是尽情地刷抖音了！

**②两天**

“两天”是指周六和周日两天，其中也包括其他的节假日。在这样整段的空闲时间里，人们刷抖音的频率会更高，时间也会更长。所以，在周末和节假日发布抖音视频是一个很不错的选择。

这“四点”和“两天”几乎囊括了所有主流用户的活跃高峰时段，所以被业内公认为视频发布的黄金时间。新账号发布视频时，可以根据自己的内容，在这几个时间段里选择一个最适合自己的发布时间。

## ●选择抖音视频发布时间的技巧

一天当中发布抖音视频的黄金时间段有好几个，我们不可能每个时间段都发布，所以，选择适合自己的发布时间也是一门学问。我观察了很多抖音大号的视频发布时间和发布频率，并结合我自己运营抖音的经验，总结出了下面几个技巧。

**①选择固定时间发布**

我们可以选择一个适合自己的时间段，比如中午12点或晚上8点，并把这个时间点固定下来，每天准时发布新视频。

这样做有三个好处，第一个好处是可以满足忠实粉丝的需求，让他们在固定的时间看到更新。第二个好处是对自己起到鞭策作用，有了固定的更新时间，自己也会更有动力去拍摄新视频，创作新内容。第三个好处是培养自己自律的习惯，让自己不要犯拖延的毛病。

**②追逐热点发布**

抖音的热点可以分为三种：内部产生、外部热点蔓延和平台引导。有了热点，就意味着有了关注度，很多抖音用户也会去主动搜索热点相关的内容。

所以，我们应该时刻关注热点，碰到和自己内容定位相关或适合自己发挥的热点时，要快速跟进，在最短的时间内拍出相关视频并迅速发布，用“蹭热点”的方式提升曝光度，第一时间吸引粉丝的关注。

**③错开高峰时间发布**

由于下午4点到凌晨的时间段用户活跃度更高，因此很多大号都把视频发布时间集中在下午4点到晚上8点之间，这就导致了这个时间段内新内容扎堆的现象。同一个时间段内的新内容过多，会导致有限的用户流量被瓜分。而且大号本身也自带吸粉光环，新账号在这个时间段里是无法和大号竞争的。

很多有经验的运营者都会选择错开这个高峰期，提前或者延后一小时再发布自己的新内容，这样做一方面可以避免与大号竞争，另一方面也可以让自己的视频分得更多的流量，获得更多的关注。

**④参考同类账号的发布时间**

在抖音上，做得不好的账号各有各的短板，而做得好的账号却有很多共同的优点，我们应该善于发现和总结这些优点，然后运用到自己的账号运营中来。同类型大号做得好的原因有很多，比如入场早、内容好、文案优等，他们的视频发布时间也值得我们借鉴和学习。

新手账号可以多研究同类大号的爆款视频发布时间，先跟随，再有选择地错峰发布。虽然，目前我们无法看到别人的抖音视频发布时间，但我们可以通过视频评论的时间来推测出它的大概发布时间。比如，某个视频的第一个评论是在18:02发布的，那么这个视频的发布时间很有可能是18:00前后。

**⑤参考主要粉丝群体的使用时间**

除了参考同类大号的发布时间以外，我们还要考虑粉丝群体的使用场景和使用时间，要根据他们的活跃时间来选择发布视频的时间。

比如，我们的主要内容是关于健身的，粉丝群体是需要学习健身的人群，那么我们就不应该选在工作时间发布，因为工作时间内粉丝无法跟着视频一起学。再比如，催眠和减压类的视频应该在睡前发布，因为此时粉丝需要看着视频放松心情、帮助睡眠。

上面的两个例子告诉我们，在选择视频发布时间时，要时刻考虑到粉丝的需求，因为只有满足粉丝需求才能带来互动和关注。

其实，在抖音平台上任何时间段都有可能产生爆款视频，所以，对于“什么时间发抖音视频会涨粉”这个问题，并没有一个标准答案，我们要根据自己的内容定位和粉丝群体，多摸索和实践，找到适合自己的发布时间。

总而言之，在选择发布时间时，我们要根据自己的主要粉丝群体来进行细分。不同人群的活跃时间是不同的，这需要我们去做大量的数据调研。当然，我们也可以自己做实验，每天在不同的时间发布视频，过一段时间后再看一看数据，这样就可以慢慢摸索出视频的最佳发布时间了。

# 定位篇

## 五个定位技巧，让你的抖音号深入人心

一个抖音账号必须有清晰的定位才能给粉丝留下深刻的印象，定位就是用一个关键词让粉丝记住你，并给粉丝一个关注你的理由。一个抖音账号的定位包括产品定位、内容定位、变现模式定位、粉丝定位和风格定位五个方面。通过这五个方面的定位，你的抖音账号将会变得内容垂直、目标受众精准、变现模式清晰，成为一个深入人心的抖音号。

## 4.1 什么是定位——用一个词让别人记住你

每一个能爆红、能吸粉、能变现的抖音号必定都具备清晰的定位。什么是定位？定位就是能让别人在第一时间记住的特征。抖音账号的定位必须做到“宽一米，深一百米”，这句话要从宽度和深度两个方面来理解，“宽一米”是指账号定位的范围要窄，“深一百米”是指要有深度地垂直挖掘内容。

假如某个抖音号的定位是“美”，那么在我看来，这个定位显然是不合格的，因为“美”的含义太宽泛了，包含的领域也太多，艺术、音乐、时尚、设计等领域都可以被划入美的范畴，所以我们要缩小宽度。我们可以在“美”这个大命题中选取一个点，如把账号定位缩小到“服饰”，但是这个定位中也包含男装、女装和童装等领域的内容，还是太宽。再缩小范围，我们可以把账号定位设定为“女童装”，然后再深挖有关女童装的内容，这样的账号定位才符合“宽一米，深一百米”的特征。

抖音账号如果没有“宽一米，深一百米”的定位，就注定很难成功，就算能够因为某个视频莫名其妙地“火”起来，也无法持续维持热度，只能“过把瘾就死”。而且，现在在抖音上“火”一把也变得越来越难了，做抖音短视频的门槛似乎也越来越高。那些曾经很“火”的抖音账号在经过了一轮大浪淘沙后，几乎已经销声匿迹，现在已经没有人记得它们。

我把这种曾经爆红，现在却被人遗忘的账号称为“过把瘾号”，这类账号有几个明显的特征：

第一，账号内的视频作品风格杂乱不一；

第二，除了个别几个爆款视频以外，其他视频均表现平平，没有多少评论和赞；

第三，粉丝数量多，点赞和评论却很少，两者的数量不成比例；

第四，能拍出爆款视频大多是出于偶然，比如恰好“蹭”到了热点，偶然间拍到有意思的场景或新奇的东西。

这类“过把瘾号”通常只有一两个爆款视频，难以持续产出优秀的高质量短视频作品。而且在产出爆款视频以后，也没有后续的规划，还是和以前一样想到什么就拍什么。这种做法导致粉丝迅速流失，账号也很快失去热度和关注。

其实这样的结果并不令人意外，因为这些“过把瘾号”并没有清晰的定位，不能吸引固定的粉丝群体，当然只能昙花一现。

与“过把瘾号”形成鲜明对比的是那些能够持续涨粉、越做越大的优质抖音号，这类优质抖音号之所以成功，是因为它们都有清晰的定位、统一的风格和个性，而且能够持续拍摄出高质量的精品视频。

虽然，这些优质抖音号发布的视频并非每个都是爆款，但是它们的点赞量和评论量都维持在一个比较平均而稳定的状态。最重要的是，优质抖音号的视频风格、视频内容都是一脉相承的。清晰的定位能够吸引一批固定的粉丝，而稳定的内容产出可以持续满足粉丝的需求和好奇心，所以粉丝只会越聚越多。

说到底，“过把瘾号”和优质号的最大区别就是——定位。

## ●定位是成功的关键

找到自己的定位，就是确定要拍什么类型的视频，找到自己的个人风格，挖掘出自己与众不同的地方，并确定自己以后的变现模式。在了解什么是定位以前，我们先来看一个案例。

**案例　“Zippo、宁宁”依靠清晰的定位，持续产出优质视频吸引粉丝**

抖音达人“Zippo、宁宁”的视频定位是“打火机创意玩法教学”，打开他的主页，我们可以看到他的简介是“ZippoTrick（打火机技巧）达人、教学”，他发的视频也都是打火机的花式玩法。清晰的定位吸引了很多有相同爱好的粉丝关注，“Zippo、宁宁”的视频虽然不算大火，但是一直都有很稳定的点赞量和评论量，粉丝的黏性也比较强。

打开“Zippo、宁宁”的商品橱窗后，我们会发现他卖的产品也是打火机，凡是他的视频中出现过的打火机，都可以在这里找到，可以说“Zippo、宁宁”的变现模式定位也非常清晰，那就是利用视频带货卖打火机。

“Zippo、宁宁”的这个抖音账号只有一个主题——打火机，当粉丝想了解打火机相关的内容时都会想起他。在我看来，清晰的定位是“Zippo、宁宁”成功的关键。一个定位清晰的抖音号不仅能让主播有更清晰的创作方向和变现方向，也能为粉丝提供更专业、更有价值的内容，这是一种双赢。

通过“Zippo、宁宁”的案例，我们了解到了定位的重要性，那么，真正的定位到底是什么，我们在为抖音账号定位的时候又应该注意些什么呢？接下来，我将为大家一一分析和解答。

## ●什么是定位

定位，是一个比较模糊的概念，对抖音账号的运营来说，定位就是为账号树立一个明确而清晰的人设，让别人知道你是干什么的。

我们在找定位时，要结合自己的特长，如果颜值高，可以定位成网红；如果能歌善舞，就定位成才艺表演达人；如果有专业技能，就定位成行业专家；如果善于搞笑，就定位成搞笑达人或段子手。

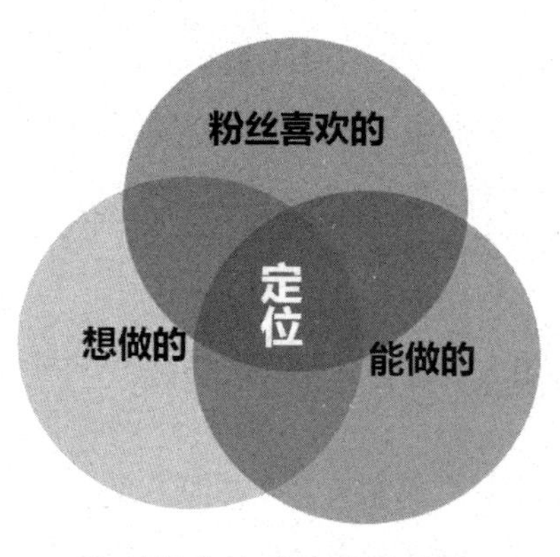

找到抖音账号定位的方向

但是，找定位不是做加法，而是一个不断做减法的过程，除了考虑自己想做什么，还要知道自己能做什么，以及粉丝喜欢什么，把这三个方面结合起来，才能找到定位的方向。

## 案例　想做的+能做的+自己喜欢的=“邢涛”的抖音号定位

我在抖音上也有一个自己的账号，叫作“邢涛”，这个账号主要做企业管理和职场方面的内容，因此，账号的定位就是“职场、管理、创业”。

我为什么会这样定位自己的抖音号呢？原因主要有以下三点：

第一，我大学所学的专业是人力资源管理，具备人力资源方面的专业知识，而且我也从事了很多年的企业管理咨询工作，所以我认为自己完全有能力为粉丝解答职场和创业相关的问题，我的经验和专业素质也能够支持我持续输出内容。

第二，我愿意把自己多年来积累的经验和知识分享给粉丝，我希望能为他们指点迷津。此外，我对短视频行业非常有兴趣，通过运营这个抖音账号，我也能学到新的知识。

第三，在多年的工作和授课过程中，我积累了一批忠实的粉丝，这些粉丝想看的是职场、企业管理和创业相关的内容。而且我在抖音上的目标粉丝也是那些想学习职场和管理有关知识的人。

“邢涛”抖音主页

在找定位的过程中，我们有可能会走一些弯路，也许会掉粉，也许会掉播放量，但是只要坚持走过这段过渡期，找到账号的准确定位，后期的运营就会变得轻松。

## ●为什么要给抖音号定位

我们一直在强调定位的重要性，其中的原因到底是什么呢？

**①抖音平台会扶持垂直内容的账号**

不管什么平台都更愿意扶持垂直内容的账号，所谓垂直内容账号，就是专注某个领域内容的账号。每个平台都希望推出更多的专业达人，抖音也一样，所以平台本身会去扶持那些定位清晰的账号，为其分配更多流量。

**②给粉丝一个关注的理由**

定位还有一个很重要的原因，就是给粉丝一个关注的理由。当别人看到你的一个视频后，有可能会点开观看你之前发的内容，如果我们的内容定位清晰，而且恰好是他感兴趣的，那么他就会关注你，成为你的忠实粉丝。

如果定位不清晰，什么内容都有，别人也就找不到关注你的理由。比如，你发了一条关于绘画的视频，一位抖音用户看到这条视频后很感兴趣，可他进入你的主页后，并没有发现绘画相关的视频，那么他就不会关注你，因为他没有关注你的理由。

每个人的兴趣爱好都是不同的，想用一个抖音号吸引所有类型的粉丝是不可能的，因为什么都抓的结果就是什么都抓不到。所以我们只能选择某一个领域，吸引某一个潜在的粉丝群体。

**③在众多抖音账号中脱颖而出**

定位还有一个重要目的，那就是体现差异，也就是体现出自己与其他账号不同的特点。只有具有差异，你的账号才能在众多的抖音号中脱颖而出。无论在哪个平台做内容，差异化都是制胜法宝。

举个例子，在抖音专门发舞蹈视频并不是一个清晰的定位，因为抖音上拍跳舞的人实在太多了。但是，拍孩子和父母一起跳舞，或者年轻人跳街舞就是很清晰的定位，因为体现出了差异。

我们要明白，在粉丝眼里，“跳舞”只是一个很模糊的概念，他们更关注“跳什么舞”“和谁跳舞”“在哪里跳舞”等问题。所以，我们要让自己的内容更加差异化和垂直化，深挖一个领域。

总而言之，抖音账号的定位直接决定了账号的内容布局、变现方式和吸粉效果。因此我们必须给自己的抖音账号一个十分清晰的定位。定位以后，我们还要把内容做深做透，并且做到持续、稳定更新，只有这样才能赢得粉丝的喜欢，吸引粉丝参与互动。

## 4.2 产品定位：卖什么产品，就做什么账号

我们可以从自己的产品出发为账号定位，如果我们卖的是美妆类产品，那么我们的账号就要围绕这个主题去定位，我们发的视频也应该与此相关。目前，在抖音上卖得最火的商品有五大类，它们分别是服饰、美妆、美食、新奇特、家居用品，我们分别来看看相关账号是如何定位的。

### ●服饰类产品定位

在抖音上做服饰类产品的账号有很多，各有不同的特点，但基本以展示服装为主。抖音号“女装搭配秀”就是一个专门卖女装的抖音账号，运营者为每款服饰都拍摄了一个短视频，由美女模特在不同场景下展示服装，其中热度最高的一件衣服创下了月销2000多件的好成绩。

### ●美妆类产品定位

目前，抖音上做美妆类产品比较好的账号中，除了李佳琦以外，还有“柚子cici酱”，她的视频以情景剧的形式，围绕“美妆”这个主题展开。每个视频中，“柚子cici酱”都会预设一个情景，并设计出与之相配的妆容，让粉丝不得不“疯狂长草”。“柚子cici酱”卖得最火的一款产品“ZEESE滋色埃及蜜粉饼”月销量达到了“25万+”，这就是定位精准的优质账号的带货能力！

**●美食类产品定位**

著名的美食自媒体“日食记”也注册了抖音账号，并且利用抖音来卖货。“日食记”在抖音上卖的是美食和厨具，所以它的内容与定位依然是“美食”。

**●新奇特类产品定位**

顾名思义，新奇特类产品就是那些比较新奇和特别的产品，抖音上很多账号都在做这类产品，之前很火爆的妖娆花、小猪佩奇手表、泡泡机等都属于新奇特类产品。抖音账号“良介开箱”就是这么一个主推新奇特产品的账号，它的商品橱窗中最贵的一款产品“咪鼠智能语音鼠标”上架两天就迅速卖出10个，在账号粉丝数量中等、产品又如此冷门的情况下，也算是不错的销量了。

**●家居用品类产品定位**

家居用品类产品的受众很多，视频创作的空间也很大，可以直接做产品介绍，也可以拍成情景剧和段子。抖音账号“居家生活”就围绕家居类产品拍摄了很多搞笑视频，这些视频不仅可看性强，带货能力也很强。

总而言之，我们要在抖音上卖什么产品就要做什么样的定位，产品是我们做抖音账号定位的第一参考原则。

## 4.3 内容定位：你要展现给粉丝什么样的内容

抖音作为一个新的内容创作平台和流量入口，以绝对优势压倒了各大短视频平台，吸引了大量用户的注意力，很多商家也瞄准了抖音这个最新的营销阵地。

如果我们想要达到自己的运营目的，做好抖商，运营好抖音账号，就要重视内容定位。内容定位来自于产品定位和粉丝定位，比如我们是卖服饰的，那么我们的内容就要与服饰相关，而且我们的目标粉丝（也可以说是目标客户）一定是对服饰类内容感兴趣的人群，所以我们的视频内容就要与服饰相关。只要确定了内容的主体方向，我们就可以在形式上千变万化。比如加入幽默元素拍成搞笑视频，或者根据情景来搭配服装，或者拍摄实体店铺的场景等。

很多人做抖音运营不成功，都是输在了内容定位上。我身边就有一个这样的朋友，他一开始有很好的想法，计划做一个成功的抖音账号。但是他却没有好好规划自己的内容，而是陷入了“追热点”的怪圈，什么火就跟风拍什么。最后，因为内容定位不清晰，账号的粉丝越来越少，逐渐走进了死胡同。

内容定位最忌模糊不清，一定要在粉丝心目中形成清晰的标签。找到自己的内容定位，再坚持做下去，就能积累一定的粉丝，慢慢地把账号做大。

一般来说，抖音账号的内容定位要遵循以下几个原则：

### ●做自己喜欢的内容

只有做自己喜欢的内容，才能更好地坚持下去，面对挫折时也不会轻易放弃。我们都说兴趣是最好的老师，对内容创作来说，兴趣是最大的动力。如果你真心喜欢某个领域的内容，那么你一定可以找到其中的闪光点和与众不同的呈现角度，并坚持做下去。

比如，抖音账号“找靓机”就从兴趣出发，每天发布一个好玩的数码科技视频。“找靓机”原来是一个二手手机直卖平台，它没有选择直接为自己打广告，而是选择做有趣的内容，这个账号也因此获得了粉丝的喜爱。目前，“找靓机”在抖音上已经收获了600多万粉丝。

### ●做差异化的内容

我们在进行内容定位时，应该尽量避免跟风，我们要做差异化的内容。各大短视频平台上，同质化的内容有很多，而它们已经无法引起粉丝的兴趣，所以创新是唯一的出路，哪怕“山寨”式的创新也好过跟风模仿。另外，内容垂直化、专业化也很重要，只要我们选定一个领域然后深挖它，就很难和别人的内容“撞车”，差异化也就自然产生了。

比如，抖音上很多做萌宠内容的账号，相比那些发多种动物视频的账号，专门拍摄某一种动物的账号就相对垂直一些。如果更进一步，拍摄某种动物的日常生活并给视频配音，那么，垂直化的程度就更深了。

抖音平台一直对用户非常友好，因为它在推出各种功能以降低短视频的制作门槛，让很多不善于拍视频或制作后期的人也能通过短视频吸粉。可以说，任何人都能利用抖音做出有意思的短视频，而且抖音自带的功能就能实现我们的很多创意。由此可见，拍出好内容的技术壁垒几乎不存在了，缺的就是好创意和坚持做下去的决心和毅力。

找好了内容定位，就要做好视频拍摄和发布的每一个环节，包括创意、拍摄、后期，视频发布后与粉丝的互动，还要关注转化情况。并且我们要以每周、每月、每季度为时间节点规划自己的内容，遇到节假日和热点事件也要制作相关视频进行热点营销。当我们持续一段时间输出内容以后，粉丝会对我们产生比较强的认同感，这时我们就可以考虑培育粉丝社群，与粉丝建立较强的感情链接了。内容定位与后期的转化和变现有密不可分的关系，为了精准定位粉丝，我们一定要保持内容的差异化和垂直化。

### ●向热门视频取经

热门视频是我们最好的老师，只要多看多想，我们一定能从中获得一些启发。比如，热门视频的标题是什么，内容的亮点在哪里，场景是什么，有什么好玩的“梗”，是如何打动粉丝的，这些统统值得我们去学习。当我们找到一些值得借鉴的点子以后，可以在自己的视频中运用，在实践中琢磨出自己的视频风格。

抖音上每隔一段时间就会出现一批热门视频和热门话题，我们可以将热门视频和热门话题与自己的账号和产品结合起来，创作出新的热门视频。

研究热门视频还有一个好处，那就是找到自己的不足，我们可以把自己的视频和热门视频进行对比，看看其中的差距有多少，有哪些方面需要再提高。通过向热门视频学习，我们能在短时间内快速提高。

### ●坚持原创

抖音平台是不支持搬运视频的，也不会给这类视频流量。就算我们能通过搬运视频积累一些粉丝，账号也很难形成自己的标签，粉丝定位也不会很精准，后期的转化和变现都会出现问题。所以，直接搬运别人的视频是完全不可取的行为。

我们必须明白，做抖商没有捷径可走，哪怕我们能用一些“歪门邪道”快速吸粉，让自己的数据变得更好看，但是到了后面终究会走进死胡同。一开始不注重内容，不重视定位，只会让后面的路更难走。

一般来说，抖音粉丝最喜欢的五大类内容有颜值高的、能带来快乐的、与自己喜好相同的、能提供价值的、能激起共鸣的，我们做原创内容定位时，可以参考这五种类型。

如果你想做好抖音账号，就要重视内容定位，并坚持原创，做差异化、垂直化的内容。只有这样，你才能在抖音的海量账号中获得一席之地。面目模糊的人很难给人留下深刻印象，抖音账号也一样，我们要通过内容定位，让账号能够在第一时间给人留下深刻的印象。

## 4.4 粉丝定位：你的抖音给谁看

我们还可以从粉丝的角度出发为账号定位。首先，我们要找到自己的目标粉丝，找目标粉丝可以从产品入手，我们要把产品卖给谁，谁就是我们的粉丝。其次，我们要搞清楚粉丝想看什么，比如，美妆类账号的粉丝想看的是护肤、化妆方面的内容，那么我们就要满足粉丝需求。但是，无论在哪个平台运营账号，我们首先要了解平台的用户属性，简单来说，就是知道平台上都有哪些人群，他们有什么共同特征，了解目标粉丝才能精准定位粉丝，并吸引粉丝的关注。所以，我们要先深度挖掘一下抖音平台上用户的特征。

## ●抖音用户特征

让我们来看看，抖音平台上是男性用户多还是女性用户多？抖音用户都处于哪个年龄段？主要集中在哪些地域？学历情况如何？

**①性别特征**

根据相关数据，抖音上男性用户的比例为33%，女性用户的比例为67%。这个数据说明，抖音上的女性用户远远多于男性用户，而女性的消费力是强于男性的，这也是抖音带货能力强的原因。

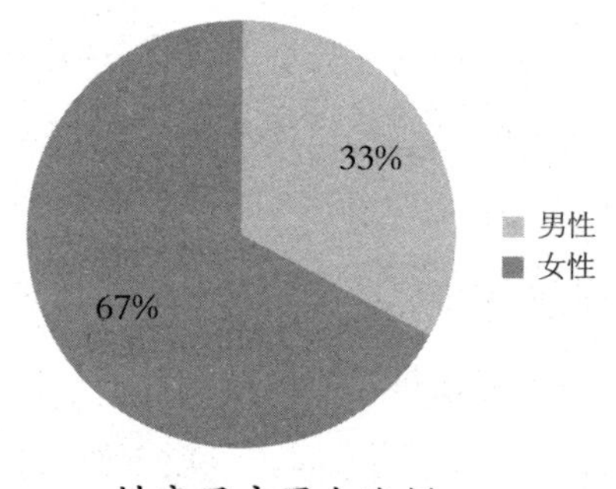


抖音用户男女比例

**②年龄特征**

90%的抖音用户都在30岁以下，年轻化是抖音用户的另一个特征。年轻人的最大特点就是喜欢接触新鲜事物，也愿意为自己喜欢的东西付费。

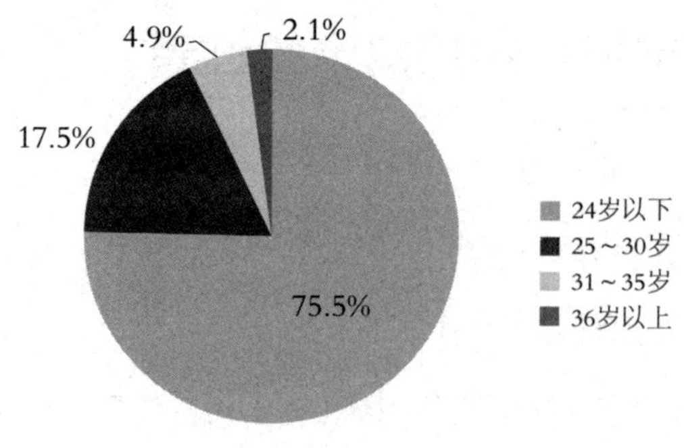


抖音用户年龄比例

**③地域特征**

抖音用户中，一线城市用户占比为11.4%，二线城市用户占比为33.9%，三四线城市用户占比为54.7%。这个比例说明，抖音平台上一二线城市用户和三四线城市用户比例相当，用户的地域覆盖面比较广。

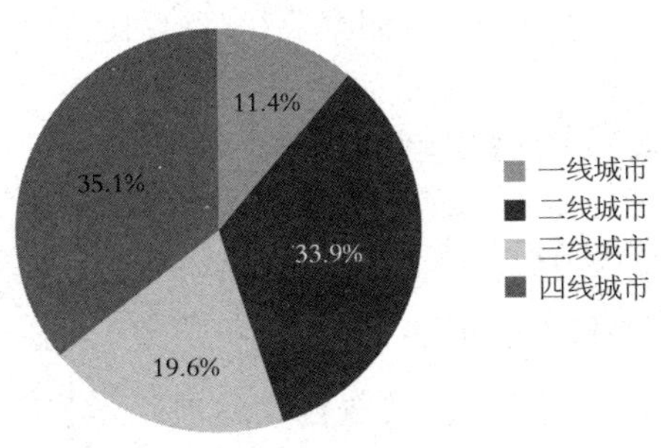


抖音用户所在城市分布

**④收入特征**

整体消费水平处于中等，中端商品可能比较受欢迎，目前抖音平台上卖得比较多的也是服装、家居、美妆等中端商品。

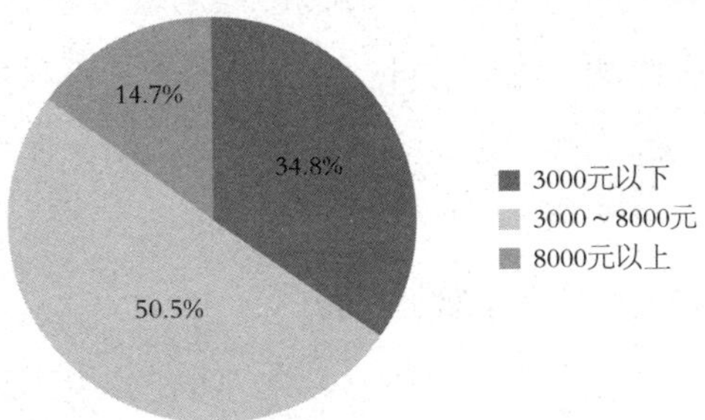


抖音用户收入比例

**⑤学历特征**

抖音用户中有本科及以上学历的人群占比为41.9%，初中及以下学历的人群占比为25.9%，这个比例说明抖音用户普遍有较高的学历。

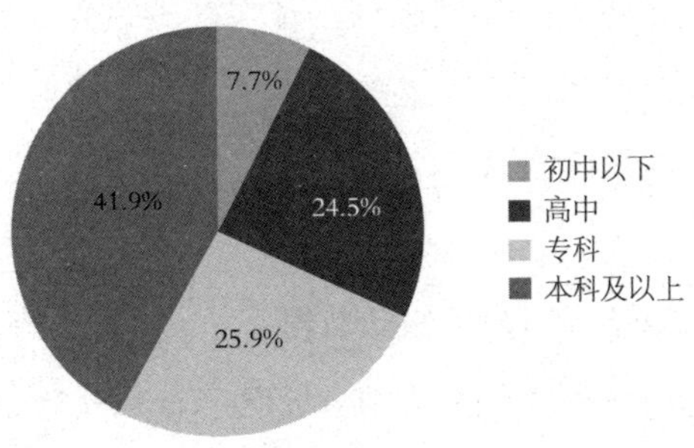


抖音用户学历比例

从以上几个特征来看，抖音用户的消费能力较强，消费水平处于中端。了解了抖音平台上的用户整体特征，我们就要开始给自己的账号进行粉丝定位了。

## ●给自己的账号进行粉丝定位

做抖音账号运营和做产品营销一样，也需要定位自己的粉丝群体，如果粉丝定位不正确，即使做出的内容再好、再有价值，也是没有人看的。即便我们通过刷粉、买粉等行为获得了一些粉丝，这些粉丝也只是不能产生任何盈利的“僵尸粉”。所以，做抖音运营一定要先定位自己的粉丝。我们可以从以下几个问题入手：

**①我们的内容适合哪些人看**

我们应该先看看自己要拍的视频内容适合哪些人看。一般来说，抖音账号发布的内容必须是垂直的、专注一个领域的，所以，我们只要找到和这个领域相关的用户就可以了。比如，我们的抖音账号是关于英语学习的，那么我们的粉丝定位就是需要学英语的人群；我们的账号是做美妆的，那么我们要找的目标人群就是年轻女性。

**②我们的内容适合什么年龄的人看**

每个领域的内容适合不同年龄的人群，比如养生方面的内容适合年龄较大的人看，而游戏或娱乐方面的内容适合年轻人观看。所以，我们要根据内容来定位粉丝群体的年龄。反过来，我们定位内容时，也要尽量扩大目标粉丝群体的年龄跨度，让目标粉丝的数量更多。

**③我们的目标粉丝有什么特点**

我们还要了解那些关注我们账号、喜欢看我们视频的粉丝都有哪些特点。比如，关注时尚美妆抖音账号的粉丝多为年轻女性，她们关注美、关注时尚，购买力较强，并有一定的攀比心理。只有了解了粉丝的特点，才能更好地满足他们的需求。

**④我们的目标粉丝有哪些爱好和习惯**

我们还要关注粉丝的喜好和习惯，比如目标粉丝喜欢关注达人推荐的商品，除了看抖音以外，还喜欢刷微博，喜欢网购，乐于尝试新事物。了解了目标粉丝的习惯以后，我们在运营账号的时候就可以有针对性地制定策略了，这样一来，吸粉的效率就会大大提升。

值得一提的是，粉丝定位是不会一次到位的，我们要在运营的过程中不断调整。做粉丝定位其实是一个探索的过程，我们有可能在运营的过程中发现新的目标群体，也有可能要放弃某一部分目标粉丝，我们要不断地摸索，直至找到最正确、最合适的粉丝群体。

## 4.5 风格定位：一个账号只专注一个领域

什么样的账号定位，就会吸引什么样的粉丝，获得什么样的吸粉效果；什么样的账号定位，就对应什么样的内容布局和什么样的变现模式。做好账号风格定位，对抖音运营来说至关重要。

一个抖音账号的风格来自产品和内容，产品决定账号的大方向，内容决定账号的调性。为什么这么说呢？举个很简单的例子，假如我们要卖的产品是厨房用品，那么账号的内容一定是与烹饪和日常生活相关的，账号的调性一定是温馨的、文艺的或者接地气的，绝不可能是高冷或前卫的风格。而内容上我们可以拍成文艺小清新的风格，也可以拍成搞笑接地气的风格。产品规定了大方向，内容定好具体调性，抖音账号的风格就形成了。

### ●根据产品定位，做垂直内容

抖音账号定位应该遵循一个重要原则：一个账号只关注一个领域，无论是个人号还是企业号，都应该如此。如果仔细研究和分析过抖音上的那些大号，你就会发现，它们都是垂直账号。很多玩抖音的人在刚开始都会陷入误区，什么内容火就发什么，因此导致后面的运营出了问题。

只关注一个领域的账号又叫作垂直账号，垂直账号运营起来更加轻松，粉丝黏性也会更强，吸粉的速度也会更快，有的垂直账号甚至能做到一天涨粉十几万。至于做什么领域的垂直内容，完全可以根据产品的品类来定。

**案例　“30秒营销课堂”专注垂直内容，稳扎稳打吸粉80万**

抖音上有很多分享营销技巧的账号，“30秒营销课堂”就是其中之一。这个账号只关注营销内容，是一个标准的垂直账号，而且它发布的内容基本上都是图文视频，风格十分统一。通过一段时间的耕耘和坚持不懈的更新，这个账号很快就积累了80多万粉丝。

我们从这个案例中可以看出，只有稳扎稳打做垂直账号才有出路，千万不要盲目跟风，今天做美妆视频，明天做教育类视频，后天做舞蹈视频，这种定位模糊的账号很容易走进死胡同。因为这样不仅会让粉丝觉得内容杂乱、不专业，而且抖音平台也不会推荐这种定位模糊的账号，因为抖音平台更青睐垂直账号。所以，我们只做垂直账号。

如果确实需要发布多个领域的内容，可以注册多个账号，一个账号发布一个领域的内容，再把几个账号关联起来即可，这样还能起到互相引流的作用。

### ●深度挖掘内容

当确定了账号定位以后，我们还要深度挖掘定位领域的内容，让我们的抖音账号始终有内容可拍，有视频可更新。为了保证有足够的后续内容，我们要多方查找相关资料，找出适合拍成视频的内容。查找资料的途径有很多，我们要善于利用因特网。

比如我们要分享的是化妆方面的干货，那么我们就可以从知乎、微博、微信公众号或其他书籍和刊物上搜集化妆相关的知识和技巧，再制作成干货视频分享给粉丝。

### ●让粉丝喜欢上我们的账号

确定账号关注的领域是方向和战略，挖掘深度内容是落地，而让用户喜欢则是关键。

如果用户不喜欢我们的视频，那么账号就很难火起来。我们可以分享技能和干货，可以表演才艺，也可以做有趣和搞笑的内容。

要让粉丝喜欢和关注我们的视频和账号，还是要回到粉丝定位上，只有弄清楚目标粉丝是谁，我们才能做到“对症下药”和“因地制宜”。

## ●持续生产内容

任何一个抖音大号都应该具有持续生产内容的能力，每天至少要更新一个优质原创视频，如果视频的制作较为复杂，一周更新一次也可以，视频更新的频率要根据自己的内容来定。

持续更新才是涨粉的关键，三天打鱼两天晒网是做不出百万粉丝的优质账号的。持续生产内容的关键是清晰的账号定位，如果没有清晰的定位，什么内容都做，总有一天灵感会枯竭。如果我们能专注一个领域，深挖其中的内容，就能得到源源不断的创作素材。

定位越不清晰的抖音账号，运营起来就越困难，变现也越困难。清晰的定位能帮助我们快速涨粉、快速变现。

如果有一天，你在运营抖音账号时遇到了困难，那么你首先要考虑的就是账号的定位问题。抖音账号的定位和粉丝定位以及内容定位是分不开的，内容为目标粉丝服务，而目标粉丝的喜好又决定了内容的走向。不同的目标粉丝群体喜欢的内容也是不同的，我们必须把粉丝和内容结合起来思考，才能做好抖音账号定位。

最后，我要和大家分享一句话：“越垂直的账号运营起来越简单，也越值钱。”希望大家能把“垂直”这两个字贯彻到账号运营的每一个环节中。

## 4.6 变现模式定位：你要以什么样的方式收钱

做抖商的最终目的是变现，是赚钱，但是很多人都没有找到收钱的方法，有的人甚至已经有了十几万粉丝，却因为找不到变现模式，始终无法盈利而放弃了，我认为这是非常可惜的。

目前，抖音正处于红利期，是我们做抖商的大好时机。但做抖商的前提是，你必须确定自己的变现模式。有了清晰、明确的变现模式，你才能一步一步规划好未来的发展方向，并顺着方向和目标去执行。

在本节中，我将结合案例为大家详细分析几种目前最主流的变现模式，你可以看看哪种更适合你。

### ●引流变现

引流就是把抖音上的粉丝引流到微信或者线下店铺。引流到微信就是在抖音简介或者视频中放上自己的微信号，引导粉丝关注微信，再通过微信销售商品。这是一种很常见的做法，很多抖音达人都是这样做的。但要注意的是，在抖音的个人简介里不能直接出现“微信”的字样，只能使用谐音，比如“V”或者“薇”等，我们可以借鉴别人的做法。

**案例 “鹏哥签名”引流微信，有偿设计签名**

抖音达人“鹏哥签名”通过自己的花式签名视频吸引了十几万粉丝的关注，他把自己的微信号放在了抖音个人简介里，并标明“有偿设计”，这样一来，有设计签名需求的粉丝就可以添加他的微信号，并付费请“鹏哥”为自己设计专属签名了。

还有一种引流方式就是向实体店引流，我们可以通过拍摄特色产品、店铺环境展示等内容把抖音上的粉丝引流到自己的实体店铺。可以自己拍视频，也可以请顾客来拍，只要拍摄的时候带上店铺的位置就可以了。一般来说，实体店铺引流类的视频会被系统优先推送给本地用户。

**案例　“喜茶”展示多种产品，引流实体店铺**

著名的饮料品牌“喜茶”也开通了官方抖音号，并通过该账号宣传新产品。当粉丝看到“喜茶”官方抖音号上发布的新产品视频，就会忍不住到实体店去“尝鲜”或打卡。

### ●广告变现

当你有了一定的粉丝量以后，很多广告商家就会主动找上门来，请你为他们做广告，这也是一种很好的变现方式。不过在做广告时，不要太生硬，以免引起粉丝反感。据我了解，抖音上很多本地美食号都是靠广告盈利的，比如“西安美食推荐”。

**案例　“西安美食推荐”推荐美食，为店铺做广告**

“西安美食推荐”从最开始的微信公众号，发展到了抖音平台，它的变现模式也一直延续了下来，那就是——做广告。在抖音上，“西安美食推荐”通过美食推荐、探店等方式为西安本地的餐饮店铺做广告，赚取广告费。

### ●知识变现

知识变现也是一种很重要的变现模式，这种模式都有一个基本套路，那就是先在抖音上分享专业知识，通过干货类视频吸引一定数量的粉丝后，就开始售卖课程和相关服务。可能有些人会说：“我没有专业知识，怎么做知识变现呢？”没关系，你还可以做分销商，通过推销课程获得一定比例的分成。很多营销类账号和干货分享类账号都采用知识变现的方式。在这个知识经济的时代，这种变现方式会越来越普遍。

**案例 “PS”抖音吸粉，小班招生教学**

抖音上著名的PS（Photoshop）教学账号“PS”通过分享PS小技巧吸引了一百多万粉丝，如此庞大的粉丝数量，也让“PS”有了变现的底气。“PS”选择的变现模式是线上教学，拍摄抖音小视频则是吸引粉丝、销售课程的一个重要途径。“PS”在首页背景图上显示了招生信息，简介上也显示了报名通道（微信号），有需求的粉丝可以轻松报名。

## ●做电商变现

在前面的章节中，我为大家介绍了抖音的商品橱窗功能，通过这个功能，我们可以进行电商变现。抖音有超强的带货能力，也打造了一大批爆款商品和网红店铺。很多抖音达人通过视频分享，勾起粉丝的购买欲望，再利用商品橱窗实现转化。

抖音还推出了购物车功能，开通后，粉丝就能在视频内直接点击购买同款。这个功能比商品橱窗更方便。不过，只有粉丝量达到一万以上的账号才能开通购物车功能。

如果你有自己的淘宝店，那么你可以在抖音推广自己的产品和店铺，吸引粉丝购买。如果你没有店铺和产品也没关系，你可以通过推广别人的商品来赚取佣金，有些做得好的抖音账号每天都可以赚到上千元的佣金。

**案例 “好物分享”抖音卖货，实现电商变现**

这个“好物分享”抖音号，点击商品橱窗，或是点击页面置顶的商品，都可以进入购买页面，实现电商变现。其中的抖音商品介绍非常生动，增强消费欲望。

## ●直播变现

很多抖音达人都在做直播，因为直播也是一个很好的变现模式。直播的盈利方法主要有两种，一种是依靠粉丝打赏，还有一种是通过直播推荐和售卖商品。目前，第二种方式的收益更高。而且，直播还可以加强和粉丝的互动，让粉丝黏性更强，也更容易吸粉。因此，直播卖货成了很多抖音红人的首选。不过，粉丝量达到一万的账号才能开通直播功能。如果你没有这么多粉丝，也可以用申请加入公会的方式来开通直播功能，在后面的章节中，我会专门为大家介绍开通直播的方法。

分享了这么多变现模式，你会选择哪一种呢？也许你还没有头绪，但是在实际运营抖音账号时，你一定要根据自己的内容定位提前选好变现模式。因为，只有确定了变现模式，我们的抖商之路才有前进的方向。而且，变现模式一定要在前期就确定好，否则会影响后期的账号运营，也不利于变现。

# 形象设计篇

## 如何包装形象，让人一刷就关注

个人形象设计在抖音账号运营的过程中非常关键，特别是对于真人出镜类的账号来说，主播的形象必须有辨识度，让粉丝一见难忘。塑造个人形象的前提是全方位地了解自己，知道自己的优势和短板，挖掘出自己的个人特色。个人形象还应该与抖音账号关联起来，两者的调性必须保持和谐统一。此外，生动的形象还需要作品的加持，拥有一个属于自己的作品是塑造个人形象的关键。

## 5.1 为什么没人关注你？因为你的形象没包装好

如果要问现在网络红人最多的平台是哪一个，答案只有一个，那就是抖音。为什么抖音里会产生这么多网红呢？他们和一般的抖音用户有什么区别？他们是怎么走红的？他们又是怎样包装自己的形象的呢？

在本节中，我将结合几位抖音网红的真实案例，为大家揭开抖音个人形象包装的秘密。

### ●用实力和权威造势，打造专业形象

最近抖音上的“当红炸子鸡”非李佳琦莫属，他的口红试色不仅“掏空”了粉丝的钱包，也让大家记住了他的口头禅：“我的妈呀”“Oh my God.”“好看！买它！”

李佳琦是抖音上的一位美妆博主，在我们的印象中，美妆博主一般都是女生，男生当美妆博主很难取得女粉丝的信任。但是，通过一段时间的关注，粉丝都成功地被李佳琦“征服”了，只要是李佳琦出了“试色”视频的口红，就会卖到断货。李佳琦之所以有这么强的带货能力，除了夸张、喜感的表演以外，他的实力也是不容忽视的。

在做抖音之前，李佳琦是一个彩妆专柜的销售员，他本身就具备专业的美妆知识，而且他还创下了一项吉尼斯世界纪录——30秒之内给最多人涂口红的人。有时候，李佳琦为了录视频要在短时间内反复涂口红，反复卸妆，导致嘴唇发炎疼痛，连喝粥都困难。可见，没有人能随随便便成功，每个网红光鲜的背后，都

是默默的努力和付出。

**案例 李佳琦用专业和实力造势，打造“口红一哥”形象**

李佳琦之所以能成为大家心目中的“口红一哥”，与他做的两件事是分不开的。第一件事是2018年“双十一”活动期间，和马云比赛直播卖口红，并以“一次直播试380支口红、15分钟卖掉15000支口红、5个半小时带货353万”的实力打败了马云。

第二件事是发起了“30秒涂口红”挑战赛，并创造和保持了这个项目的吉尼斯世界纪录。通过这两件事，李佳琦为自己塑造了“权威”和“专业”的形象。

李佳琦除了懂得为自己造势以外，他的口红测评也非常专业。他并不会一味地讲好话，如果某款产品有缺点，他会如实地展现出来，粉丝也因而更加信任他。这也是他能成为“抖音一哥”并疯狂带货的原因。

## ●借用热门IP，凸显自己的形象

利用热门IP（intellectual property，知识产权，可能指形象、作品等）来“蹭热度”，借此凸显自己的形象也是一个很不错的方法。抖音账号“食堂夜话”就借了著名大IP“深夜食堂”的光，凸显了自己温暖、“治愈系”的形象。

**案例 “食堂夜话”借力热门IP，打造文艺温情形象**

“我是老黑，在这个城市开了一家料理店。”这是抖音账号“食堂夜话”每个视频的标准开头。看过日剧《深夜食堂》的人，可能会觉得这个开头有些眼熟。实际上，“食堂夜话”正是借鉴了热门剧集《深夜食堂》的形式，用发生在食堂的一个个温情的小故事和唯美的画面吸引了很多粉丝的关注。

“食堂夜话”虽然在形式上借鉴了《深夜食堂》，但它的每个故事都是原创的，有很强的可看性。在短短的时间里呈现了完整的故事，也让看的人产生了意犹未尽的感觉。

我想，这也是“食堂夜话”成功的关键，既利用热门剧集的影响力树立了自己的形象，让粉丝对内容产生期待，也避免了抄袭的嫌疑。

### ●用人设和故事塑造形象

在抖音上，除了“小哥哥”和“小姐姐”们能成为红人，猫猫狗狗也有可能成为网红。比如，抖音上家喻户晓的网红猫“刘二豆”和它的好朋友“瓜子”。

**案例　“会说话的刘二豆”实力卖萌，打造可爱人设**

“刘二豆”和“瓜子”这两只网红猫的视频是由抖音账号“会说话的刘二豆”发布的，这个账号以“卖萌”“可爱”“逗趣”的形象吸引了4000多万粉丝。在“会说话的刘二豆”发布的视频中，不仅有两只可爱的猫咪出镜，还有主人的配音，两只猫咪“演技”精湛，金句频出，让粉丝爱不释手。

抖音上的萌宠博主有很多，为什么“会说话的刘二豆”能拥有4000多万粉丝呢？我认为，这是因为“刘二豆”和“瓜子”不仅可爱，而且它们被主人赋予了人格化的声音和形象，而且它们的视频都讲述了一个个有趣的小故事。人设和故事，也是塑造个人形象的关键，虽然“刘二豆”和“瓜子”是两只猫，但是我们可以借鉴它们的形象塑造方法。

虽然抖音平台上已经有了很多网红和大咖，但是，其中还隐藏着许多机遇，只要我们懂得包装和打造自己的形象，就能够成功地脱颖而出。通过上面的三个案例，我们总结出打造个人形象的四大关键点。

打造形象的第一个关键点：借势和造势。李佳琦用马云和吉尼斯世界纪录为自己造势，另一个抖音红人李雪琴借吴亦凡造势，我们可以借鉴他们的方法，把自己的形象和那些积极向上、有知名度的名人以及热点，结合起来，加深粉丝和其他用户的印象。

第二个关键点：凸显独一无二的个性。找到自己的个人标志，并把这个标志发扬光大，让别人记住你。

第三个关键点：提升自己的实力和专业度。无论是拍搞笑视频还是干货视频，都要具备一定的水准和实力，否则没有人会愿意看。要打造令人印象深刻的个人形象，就要专攻一个领域，提升专业度，才能让粉丝喜欢和信服。

第四个关键点：打造人设和讲故事。明星都需要人设，网红也不例外，我们要给自己设立一个人设，可以是可爱，也可以是搞笑，还可以是专业。有了人设后，我们还可以通过故事来强化人设，塑造出属于自己的个人形象。

总而言之，要在抖音上让更多人认识你，就必须树立一个独特的、有个性的形象，如果你不会包装自己的形象，就很难获得粉丝的关注。

## 5.2 如何根据账号定位塑造属于你的形象

想做好抖音就要为自己打造一个独特的个人形象，那么，个人形象是凭空想象出来的吗？当然不是，我们在打造自己的形象时，必须结合自己的个人定位和账号的内容定位，否则就会出现“驴唇不对马嘴”的现象。

想象一下，如果一个颜值一般的人，非要给自己树立“仙女”和“美女”的形象，粉丝会买账吗？当然不会，在这种情况下一些“接地气”的形象反而会更受欢迎，因为不是每个人都有高颜值，贴近粉丝、贴近生活的形象反而更加真实可信。

再举一个例子，一个分享减肥健身知识账号的主播一定要有健康阳光的形象，否则就没有说服力，粉丝对他/她分享的健身知识也不会信服。

说了这么多，具体的方法是什么呢？下面的四大策略可以帮助你根据自己的定位设计形象。

### ●设置清晰的定位和个人标签，并坚持下去

第一个策略是设置清晰的定位和个人标签，并坚持下去。说白了，抖音就像一个论坛，每个短视频就像一个帖子，只不过展示的方式更加直观而已。很多人在这个论坛里什么帖子都发，什么话题都参与，从来没有想过自己应该有的定位，这些人中间没有一个能让人记住。把抖音当成视频日记是绝对不行的，当

然，如果你是自娱自乐就无所谓了，如果你要做抖商、要吸粉、要变现，就千万不要什么内容都发。

关于定位，我们在前面的章节中已经讲过了，在这里我还想再强调一下，定位的关键就是差异化，我们给自己塑造的个人形象也应该具备差异化的特点，所以，我们要思考自己的特点是什么，个性标签是什么，目标粉丝是哪些人，我们想为他们呈现什么内容。

比如，抖音上的“忠哥”就为自己塑造了一个怕老婆的形象，这个怕老婆的形象背后却是爱家、爱老婆、有责任心的好男人，难怪他会受到很多女性粉丝的欢迎。

那么，我们应该怎样找到自己的形象定位呢？我认为应该考虑以下三个方面：

**①考虑自身的形象**

如果你的外形条件优越，比如颜值高或身材好，那么你大可以好好利用这个优势。如果外形条件没有很大的优势，就要发掘其他的优势了。不过，单纯看脸的时代已经过去了，现在仅仅靠颜值已经很难取得成功了。

**②发现自己的个性特点**

个性特点是我们身上最明显、最独特的地方，是别人所不具备的，如果我们能发掘自己的个性特点，就有出头的希望。个性特点可以是才艺、性格，也可以是专业技能。有一技之长才能让别人记住你。

**③挖掘独特的视角**

有时候，独特的视角也能成为我们的形象标签。比如，抖音上关注贫困群体的王子清，就用自己的视频为粉丝提供了一个不一样的视角，粉丝通过看他的视频能了解到很多自己不知道的人和事。

## ●努力打造一个属于自己的作品

第二个策略是打造一个属于自己的作品。作品也会成为我们的个人标签，甚至会成为我们个人形象的重要组成部分，所以，我们要努力打造一个属于自己的作品。

这一点在以歌舞成名的抖音网红身上体现得更加明显，比如“摩登兄弟”的一首《走马》，就收获了340多万个赞。有了作品，再加上优越的外表，“摩登兄弟”迅速吸粉3000多万。

另一位抖音红人“代古拉K”则以舞蹈成名，“舞蹈达人”成了她的个人标签，可爱的舞蹈加上出色的颜值，让她成功收获2000多万粉丝。

抖音出了很多“现象级”歌曲，人们在记住歌的同时，也会记住唱歌的人。所以努力超越其他人，做出一个真正优秀的作品对抖音主播来说是非常重要的。我们可以把自己看成是一个品牌，而作品就是我们的产品，只有打造出真正的爆款产品，品牌才能一炮打响。

## ●利用从众效应，为自己造势

第三个策略是利用从众效应，为自己造势。在心理学上，有一种现象叫作“从众效应”，很多品牌和产品在做营销的时候都利用了这种现象。抖音上神曲和舞蹈之所以会风靡一时，就是因为人们的从众心理。可是，很多神曲都出现了“歌红人不红”的现象，大家都在模仿这首歌，可是最早唱这首歌的人却没有红。这是因为，大家的注意力都被歌或舞蹈本身吸引了，没有注意到人。

那么，我们要怎样利用“从众效应”来包装自己，打造自己的个人形象呢？先来看两个例子。

### 案例　“摩登兄弟”粉丝现场造势，塑造“我很红”的形象

如果你看过“摩登兄弟”的视频，你就会发现，在他的很多视频里都会有一堆女粉丝，这些粉丝营造了一种热烈的氛围，“摩登兄弟”也塑造了一个“我很红”的形象，看视频的人也会受到感染，因此去选择关注他。

### 案例　“专属小可爱”发挥到极致，引领模仿潮流

“专属小可爱”瓜妹的《花桥流水》视频引发了很多人的关注和模仿，可是那些模仿的人都没有瓜妹本人的表演到位，她出色的表演吸引了很多人与她合拍视频，她的粉丝也越来越多，她从一个小小的抖音主播变成了红人。现在，人们一提到《花桥流水》视频就想到了“专属小可爱”瓜妹，因为她引领了一拨

模仿的潮流，并成功树立了自己抖音达人的形象。

上面的两个例子都是利用从众效应塑造形象的成功案例。也许你目前还没有成为网红，但是不妨运用一些方法为自己造势，利用从众效应打造自己的“红人”形象。

## ●把个性发挥到极致，引起共鸣

第四个策略是把个性发挥到极致，引起共鸣。为什么有时候一首歌就能牵动我们的情绪呢？这是因为这首歌引起了我们的共鸣。一旦引起了共鸣，我们就会对这首歌曲产生非常强烈的好感和深刻的印象。对抖音主播来说，这个道理也同样适用，只要能引起粉丝的共鸣，就能塑造出一个令人印象深刻的个人形象。不过，想要引起别人的共鸣，我们必须把自己的个性和特点发挥到极致。

我们可以发挥自己的搞笑才能，让粉丝笑；也可以煽情，让粉丝哭；还可以用特立独行的表演，让粉丝好奇。无论哪一种，最终的目的都是引起共鸣，塑造令人印象深刻的个人形象。

以上就是塑造自己独特形象的四种方法，这四种方法都围绕着同一个核心——挖掘自己的特色。无论我们给自己塑造的是什么样的形象，都要以自己本身的个性和特点为基础，做到真实而可信。

关于个人形象塑造，我有两点要提醒大家注意：

第一，不要违反相关法律、法规和政策，拒绝低俗和媚俗的形象。我们的个人形象必须是积极正面的，要向粉丝传达正面的价值观。随着时代的发展，人们的审美水平也在不断上升。低俗和媚俗的内容是不受欢迎的，而且会被抖音平台封杀。如果你的视频触犯了相关法律法规，违背了最基本的价值观，就不是封杀那么简单了。

第二，别让自己陷入模仿的怪圈。网络上的流行总是来得快去得也快，今天流行“女汉子”人设，明天流行“吃货”人设，如果我们一直停留在模仿和追赶流行的层面，那么我们的个人形象塑造必然会失败。因为，跟风和模仿会让我们的个人形象变得模糊，粉丝对我们也不会有任何深刻的印象，我们要创造自己的人设，而不是去模仿别人。

总而言之，我们在塑造个人形象的时候，要充分考虑自己的账号定位，让个人形象与抖音账号的调性相符。

## 5.3 如何根据自己的外形特色设计个人形象

抖音账号的形象定位固然重要，主播个人的形象塑造也不可忽视，尤其是真人出镜类的视频，主播个人形象是否令人印象深刻关系着视频的播放量和账号的关注度。

在抖音上，很多主播都是以形象和颜值取胜的。有人肯定会说："我没有高颜值怎么办呢？"其实，好的个人形象并不一定要靠高颜值，只要了解自己，并根据自己的外形和性格特征设计自己的形象，就能在这么多抖音红人中独树一帜。

那么，我们要怎样来设计自己的形象呢？下面我为大家介绍形象设计的三大原则。

### ●个人形象设计三大原则

**①全面了解自己的心理特征和外形特色**

首先，我们要全面了解自己内在的心理特征，以及五官、脸形、体形等外在条件，分析自己各方面的优缺点。只有了解了自己，我们才能找到最美、最自然的那一面，并把这一面自信地展现给粉丝。

那么我们要如何全面了解自己呢？我们可以做以下几个方面的自我评估和测试：

（1）人格气质测试

每个人的气质都是相对稳定的，它能反映出我们的思维方式和做事风格，它贯穿于我们的整个心理发展历程，是真实自我的写照。了解自己的人格气质，对我们设计自己的形象有很大帮助。

我们可以在网络上找“人格气质测试表”或者“艾森克人格气质测试”来进行自我测试。

（2）找到自己的个人风格

我们要找出最适合自己的颜色和服饰风格，并设计一个适合自己的发型和妆容，让自己的形象既有特色又赏心悦目。

（3）了解自己的体形特征

我们可以通过测量身体的各项数据，对自己的体形有一个全面而完整的认识，并找到适合自己的服装，用服装来扬长避短，打造完美比例。

了解自己是形象设计的大前提，我们千万不要陷入误区，认为形象设计就是把自己变美，这种认知是错误的。形象设计是根据我们自己的特点，在原有的基础上进行提升，并凸显某些方面的特质，不仅仅是变美那么简单。

**②设计形象第二原则：结合实际，别给自己画框**

很多人在重新设计自己的形象时都喜欢预设立场，给自己画上一个框。比如，我不适合紫色，我留长发不好看，我不适合这个颜色的口红，我不能穿这个款式的衣服，等等。我们应该换一个思路，去尝试自己以往没有尝试过的装扮，也许能塑造出一个全新的个人形象。设计自己的形象也是重新发现自我的过程，在这个过程中我们会更加了解自己。

**③设计形象第三原则：逐步实践，树立信心**

我们在设计自己的形象时，要勇于实践，逐步改变自己，并树立信心。如果我们对自己都没信心，粉丝怎么会买账呢？一个人的魅力很大一部分来源于强大的自信，只有成为自信的人，我们才能在镜头前展现自己的魅力。我们要善于发现自己的长处，不要总盯着自己的短处，越是这样在意自己的不足，就越不自信。

## ●适合自己的，就是最美的

俗话说：“爱美之心人皆有之。”每个人都希望把自己最完美的一面展现在人前，我认为这种精神是值得提倡的，我们应该让自己时刻保持最佳的精神面貌。而且这种对自身形象的要求，不应该被年龄、性别和职业限制，因为每个人都有追求美的权利。

我们每个人都有渴望被关注的天性，特别是在抖音这样的社交平台上，人人都希望自己塑造出的形象是有吸引力的，是独特的，是能引起粉丝关注的。

可是，我们不得不承认，在这个“看脸”的时代，高颜值的人具有先天优势，更容易得到关注。难道没有高颜值的人就只能放弃设计和塑造自己的形象吗？当然不是！在这里，我要诚恳地告诉大家：“有吸引力的形象不是天生的，而是后天塑造的。”

很多人喜欢把自己的挫折归咎于形象不佳，认为自己拍的抖音视频没人看是因为自己的颜值太低，还怪他人只知道看脸。殊不知，这样怨天尤人的心理不仅无法给我们带来任何帮助，还会让我们陷入自我怀疑的误区。

我始终相信，每个人都有自己的过人之处，也许你没有出色的容貌，但你有高挑的身材、有趣的个性和过人的才华，你的身上总会有一些让人欣赏的特质，只要你能挖掘并展示它们。不知道大家有没有听过“粉丝滤镜”，只要粉丝真心地喜爱你，那么你在他们眼中就是最可爱的。所以，我们还是要充分了解自己，发掘自己的优点，树立自己的自信，找到自己独特的魅力。

**案例　抖音主播“肥肥”用可爱和特色征服粉丝，诠释多元化的美**

抖音上有一位我很喜欢的主播，她的昵称叫“肥肥”，她是一个体重300斤的“大号”美女，可是她并没有因为自己胖而自卑，反而在视频中展现出开朗可爱的个性。并且，她还把自己的胖变成了一个“梗”，拍出了一个个搞笑视频。

“肥肥”用优质的内容和可爱开朗的性格征服了粉丝，很多粉丝都喜欢看她的视频，并且经常鼓励她、夸奖她。她的抖音账号一共有100多万粉丝，发布的每个视频几乎都能获得10万左右的点赞。现在，“肥肥”已经是一个抖音达人了，而且她还接到了很多餐饮店的广告，走上了变现之路。

从抖音主播“肥肥”的例子中，我们可以看到，只要找到了自己的特点，充分发挥自己的优点，就能获得粉丝的喜爱。毕竟，在这个世界上，美的标准并不是唯一的，只要是适合自己的，就是最美的。

### ●为粉丝营造美好的第一印象

心理学研究发现，在45秒之内我们就能对一个人产生初步印象，在快节奏的互联网世界，很少有人愿意花时间去仔细看你的每一个视频，所以，我们应该为粉丝营造或美好或深刻的第一印象。也许，有时候第一印象并不准确，但它会影响粉丝的决策，粉丝会根据第一印象来决定是否关注我们。

美好的第一印象来自成功的形象设计和自信的风采，只有了解自己的个性和外形特征，才能设计出最适合自己的个人形象。在抖音平台上，个人形象就是一张名片、一个IP，它关系着抖音账号的运营方向，也关系着我们是否能吸引粉丝。

# 内容创意篇

## 如何做爆款内容，在内容里巧妙植入产品

“内容为王”这四个字对自媒体工作者和内容创作者来说是永不过时的箴言。抖音同样也是一个内容至上的平台，它支持原创，还会为优质内容分配更多的流量。所以，我们应该把视频的质量放在首位，以内容为依托，实现吸粉、引流和变现。我们必须牢记：粉丝的需求是内容的生命，坚持做粉丝喜欢的原创内容。我们还要学会如何巧妙地在视频中植入广告，既要达到带货的目的，又不能让粉丝反感。不过，在创作内容或植入广告时，我们必须遵守相关法律法规和平台规则，不要触碰“高压线”。

## 6.1 抖音是内容为王的世界

抖音平台越来越成熟，加入的人也越来越多，竞争也越来越激烈。而如今抖音上最有竞争力的就是优质内容。只有好内容，对粉丝才有吸引力，对平台才有价值。如果你不能持续输出优秀的内容，那么无论你多么红，多么会营销，粉丝都会头也不回地离开你。抖音是一个内容为王的世界，没有优质内容，一切都是空谈。

抖音上有很多高颜值的美女和帅哥，他们凭借着较好的外形条件虏获了一大批粉丝，但也有一个人，连脸都没有露过，却赢得1.5亿点赞和2400多万粉丝，他就是“黑脸V”。不靠颜值依然能够大红，“黑脸V”的成功秘诀是什么呢？就是内容。

**案例** **不靠颜值靠内容，“黑脸V”收获1.5亿个点赞**

“黑脸V”从出现在抖音平台开始，就一直保持着神秘感，他不仅从来没有露过脸，就连网上关于他的资料也很少。在抖音这个聚集大量高颜值网红的平台上，“黑脸V”不露脸却靠着出色的内容脱颖而出。

“黑脸V”的视频被粉丝们称为“技术流”，因为他很喜欢在视频中运用各种视觉特效，比如用筷子夹汽车，把足球变成狗，把千纸鹤变成真正的鸟儿或者让人瞬间移动等。这些有趣而且富有创意的视频，让粉丝欲罢不能。

“黑脸V”的成功让我们看到了内容的重要性，他的成功生动地诠释了“内容为王”这四个字。有优质内容，你还怕自己不红吗?

## ●“内容为王”的内涵

“内容为王”这四个字的字面意思很好理解，但是它的深刻内涵却很少有人能真正明白。那么，到底什么是真正的“内容为王”？这四个字又代表了什么呢？我是这样理解的：

首先，在抖音平台上，只有优质的原创内容才能生存。只有坚持做原创的账号才能生存。

其次，优质内容必须有专业性。只有立足于专业领域，用心服务目标粉丝群体，才能在抖音平台上获得一席之地。没有专业、优质内容的账号，会被平台和粉丝“抛弃”。

抖音红人“M哥”从翻唱开始，一路走到了原创，最终成为官方认证的“抖音音乐人”，她的成功历程充分反映了专业的重要性。

**案例** **“M哥”从翻唱到原创，靠专业持续走红**

抖音上有一位叫作“M哥”的音乐达人，她曾进入过抖音“2018年上半年人气榜”前10位，现在也是个人气超高的红人。她的走红起于翻唱，一首《我的将军啊》让她红遍抖音，人气和知名度甚至达到了超越原唱的地步。但这首翻唱歌曲对她而言只是一个起点，随后她又推出了一系列新的翻唱歌曲和原创歌曲，并一直坚持推出原创作品。现在她已经被抖音官方认证为“抖音音乐人”。坚持创作优质而专业的内容，是“M哥”持续走红，粉丝量不断上升的根本原因。

最后，我们要保证优质内容的数量。如果想要走得更远，只有一两个爆款视频是远远不够的，爆款视频可以帮我们打开知名度，只有持续生产优质内容才能支撑我们持续涨粉，保持知名度。所以，我们必须保证内容生产的持续性和稳定性。

## ●优质视频内容必备的特质

了解了“内容为王”的内涵，我们再来看看优质视频内容必须具备哪些特质。

**①优质视频要有可看性**

可看性是指视频吸引人的程度和观看价值的高低。要使视频具备较高的可看性，我们就要知道粉丝想看什么，并满足他们的需求，只有这样才能引起粉丝的共鸣，获得他们的关注。因此，作为抖音账号的运营者，我们必须了解自己的粉丝。

另外，我们还要让自己的视频内容“有趣”和“有用”，有趣的内容吸引粉丝关注，有用的内容则可以增加粉丝的黏性和忠诚度，因为他们可以通过我们的视频学到一些有用的东西。

**②优质视频要有自己的调性**

所谓调性，就是格调、风格，我们做抖音号必须有自己的风格，因为风格是一个明显的标签，它能让粉丝在多如牛毛的抖音账号中一眼看到，并且能很快知道我们的账号是做什么内容的。比如说， 我本人是一个企业咨询顾问和短视频创业导师，所以我的视频内容都是围绕职场和创业展开，“职场导师”和“企业管理”是我抖音账号的调性。

**案例　找对调性，“邢涛”成粉丝职场导师**

我的抖音账号“邢涛”主要针对职场人士和创业者，我通过答疑解惑的方式，为粉丝们消除困惑。我在每个短视频中都会讨论一个职场问题，或者企业和团队管理问题，并给出问题的解决方法和得体的应对方式，很多粉丝看了以后都觉得受益匪浅。我还在自己的视频中加入了购物车链接，链接中推荐了相关书籍，有学习需要的粉丝可以直接购买。

一提到我的抖音账号，粉丝们首先想到的就是“职场法则”和“管理知识”，因此我的视频调性就是“职场导师”和“企业管理”，当粉丝遇到职场问题时，就会来看看我的视频或者在评论和私信中向我咨询。

清晰的内容调性让我的抖音账号与其他职场号之间形成了差异，也能给粉丝们留下比较深刻的印象。

“邢涛”的抖音主页和视频

## ●做内容要学会“蹭热点”

要做出优质的抖音短视频，就离不开“蹭热点”，追热点也是很多抖音账号的常用方法。不过，热点也不是随便乱蹭的，时机和“姿势”都很重要。

比如，《嘴巴嘟嘟》这首歌火了以后，很多人都跟风发布视频，第一批跟进模仿的视频都获得了比较好的播放量和点赞量，传播效果很不错。可是第二批和第三批跟进的视频就没能获得比较好的传播效果。所以，“蹭热点”的时机是相当重要的，宜早不宜迟，必须抢在第一时间制作和发布热点相关的内容。

**案例　找对姿势“蹭热点”，同一个题材也能玩出不同花样**

“蹭热点”的姿势也很重要，还是以《嘴巴嘟嘟》这首抖音神曲为例，很多人翻唱这首歌时要么纯唱歌，要么边唱边跳，大多千篇一律，没有什么特别的创意。但是“琪琪麻麻”和“双儿”这两个抖音账号发布的视频却别具一格。

“琪琪麻麻”的视频中，妈妈把孩子的嘴巴画成一只可爱的卡通驴，孩子唱歌时，小驴的嘴巴也随着音乐一张一合，十分可爱。而“双儿”的视频中，则是与一个黑人合唱《嘴巴嘟嘟》，反差效果十分强烈，黑人的视频来自外国的视频网站，但双儿却把它“拼接”到自己的视频中，这种做法很有创意，也没有降低视频的原创性，但应该注意版权问题。面对同一首歌曲，这两个账号分别从不同角度进行了重新演绎，而且都取得了很好的效果。

当我们抓住热点时，一定要在热点的基础上发挥自己的创意，从不同角度切入，创作出与众不同的优质作品。我们还要学会观察其他人切入热点的角度，培养自己的敏锐度，开拓自己的思维。

目前的抖音平台以内容为王，有了好内容就能坐拥粉丝和流量。我们要明白，能创作出优质内容的抖音达人，才具备真正的商业价值。因此，我们在运营抖音账号时，也要把内容作为核心重点。不过，打磨优质内容是一个长期的过程，不可能一蹴而就，我们不应该急功近利，看到什么火就做什么。而是要制订一个长期的规划方案，并坚持去执行。

如果你的最终目标是要做抖商，要依靠流量带货，那么你一定要记住：“粉丝流量的转化，与内容质量直接挂钩。”这句话的意思是说，只有好内容，才能让粉丝心甘情愿地付费。这是我们做内容的指导方向，我们应该把它牢记在心中。

## 6.2 粉丝需求永远是内容的生命

满足粉丝需求，是运营抖音号的根本，因为粉丝的需求是内容的生命。这个道理看似很简单，但是很多人却没有真正弄清楚粉丝的需求到底是什么，始终不知道粉丝真正想看的是什么。粉丝想看优质有深度的内容，他们却一味迎合潮流，拍一些恶搞视频；粉丝想看高质量的干货，他们却只知道搬运和照抄。殊不知，这样的视频已经有太多，粉丝已经产生了审美疲劳。这种盲目迎合潮流、照搬照抄的视频，根本没有办法真正地满足粉丝的需求。

那么，真正满足粉丝需求的抖音视频是什么呢？我们先来看一个案例。

**案例　“趣味生活杂谈”精准定位粉丝，解决粉丝难题**

抖音上有一个账号叫作“趣味生活杂谈”，这个账号深受家庭主妇群体的喜爱，因为它发布的视频都是有关生活和家务的内容，会教给粉丝一些高效处理家务的技巧，能解决粉丝在做家务时遇到的各种难题。比如快速去鱼鳞的方法、剥虾的技巧和缝补衣服的技巧等。

除此以外，“趣味生活杂谈”还会给粉丝推荐一些家居生活好用品，这个账号在抖商方向上也发展得非常好，带货能力很强。为什么“趣味生活杂谈”能拥有这么多忠粉呢？这是因为运营它的人真正了解了粉丝的需求。

“趣味生活杂谈”的目标粉丝群体是家庭主妇，他们了解家庭主妇的需求，并满足了这个需求，所以才能获得这么多忠实粉丝，并顺利开展电商业务。

看到这里，有人可能会说：“我也很想满足粉丝需求，可是总找不到方法。”这是很多做抖音的人都会遇到的问题，为了解答这个问题，我们首先要分析一下：为什么我的内容不能满足粉丝的需求？

## ●内容无法满足粉丝需求的原因

如果你做出的视频内容无法满足粉丝的需求，原因一般有以下几个方面：

**①时间、人力、物力和财力跟不上**

有时候客观条件的限制会造成视频效果不尽如人意，无法拍出自己想拍和粉丝想看的内容。人力、物力、财力和时间等客观条件可能在短时间内难以改变，但是我们应该尽量提高视频拍摄水平，选择适合自己条件的题材去拍摄，并通过自己的努力去改善外在条件。

比如，我们要运营一个美食类抖音账号，但资金和人力条件不足以支持我们去做探店，但我们可以换个方向去做试吃视频，专门尝试一些“奇葩”食品，这样的视频可以满足粉丝的猎奇心理，也能赢得一拨关注。

**②不清楚自己的核心粉丝是谁**

如果运营账号的人不知道自己的核心粉丝是谁，就不可能有针对性地去创作粉丝需要的内容。而且，粉丝也不知道这个账号能为自己带来什么，进而选择离开。前面的章节中我们讲过账号定位和粉丝定位，如果你还不清楚，可以回顾一下前面的相关内容。我们要记住，只有弄清楚核心粉丝是谁，才能进一步满足他们的需求。

**③想满足所有粉丝的需求**

不同类型的粉丝之间有很大的差异，需求也有相互矛盾的地方，想要同时满足所有粉丝的需求是不现实的，而且也会让自己的内容变杂，不利于形成自己的风格。

**④错误理解粉丝的反馈**

有的抖音运营者很重视粉丝的反馈，可是，收到了粉丝的反馈就真的能弄清粉丝的需求吗？当然不是，除非你能正确地解读它们。粉丝的反馈中有可能存在一些“迷雾”和“陷阱”，我们必须拨开这些“迷雾”才能看清粉丝的真正需求。下面，我总结了四个粉丝反馈中常见的“陷阱”，希望大家能少走弯路。

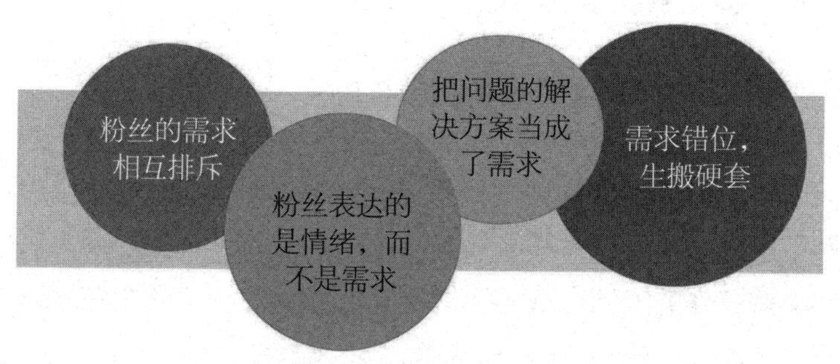


粉丝反馈中的四大“陷阱”

我们在创作内容的时候，要尽量避免以上四个误区，找准自己的粉丝群体，创作出他们真正需要的内容。关于这一点，抖音账号“厨房生死恋的美食”就做得非常好。

### 案例 “厨房生死恋的美食”——只做粉丝需要的内容

“厨房生死恋的美食”是一个专做美食的抖音账号，而且，它发布的内容都是一些日常美食制作，不需要花费很多的人力、物力和财力，也不会占用太多的时间，这样的题材拍摄难度不大，能保证稳定更新，不会因为财力不足或时间不够而中断。

其次，这个抖音账号找到了自己的核心粉丝群体——热爱美食，也愿意动手制作美食的人。所以，视频满足了粉丝的需求，展示了日常美食的制作过程。

最关键的是，“厨房生死恋的美食”只专注于自己的核心粉丝群体，不用想着要满足所有的需求，所以，运营这个账号的人只做美食视频，从来不发布其他内容。

## ●如何满足粉丝的需求

在找到了核心粉丝群体、排除了伪需求以后，我们应该如何真正满足粉丝的需求呢？

在解答这个问题之前，我们应该先了解一个事实：表面上，粉丝关注的是视频的内容，但实质上，他们在意的是视频内容是否是自己想看的，是否解决了自己的问题。基于这个事实，我们可以得出一个结论：视频内容能否获得粉丝的认可，关键不在内容本身，而在于内容是否满足了粉丝的需求。

根据以上的结论，我们在创作视频内容时，应该做到以下几点：

**①确认哪些需求是必须被满足的**

我们要从粉丝的反馈中找到那些真正的、必须被满足的需求，那么，如何寻找这样的需求呢？我们应该考虑以下几个问题：

（1）是否是大多数核心粉丝的需求？该需求是否紧急？是不是刚需？

（2）该需求是否符合抖音账号的定位和风格？是否符合平台的要求？是否符合国家的相关法律和法规？是否符合运营者本人的价值观？

（3）其他同类型的主播是否满足了类似的需求？是不是所有同类账号都在做这类内容？如果大家都没有做，原因是什么？

（4）满足这个需求的投入和回报是否成正比？做这个内容划不划算？

（5）抖音账号的运营者是否有能力去满足这个需求？

考虑清楚了这些问题，相信你一定能找到那些真正的、迫切的需求。

**②打造内容核心点，满足大部分粉丝的需求**

每个人的需求都是不一样的，每个需求对应的人群数量也是不同的。这句话要怎么理解呢？打个通俗的比方，一群顾客来到了一家餐馆，他们有的要吃甜豆花，有的要吃咸豆花，但是由于种种原因，餐馆只能做一种口味。为了服务更多的顾客，餐馆老板分别调查了喜好两种口味的顾客各有多少人。他发现爱吃甜豆花的顾客比爱吃咸豆花的顾客人数多。在这种情况下，餐厅老板应该满足哪个群体的需求呢？答案是显而易见的，如果我们想获得较多的关注，我们当然要优先满足人数多的群体，并根据他们的需求打造内容的核心点。

我们要记住，内容核心点所针对的人群必须占粉丝群体的大多数，满足粉丝需求时，必须遵循“少数服从多数”的原则，要学会抓大放小，千万别捡了芝麻，丢了西瓜。

**③不断创新，跟上粉丝需求的变化**

时代在变化和发展，粉丝的需求也不可能一成不变，我们必须跟上粉丝的脚步，不断创新，才能满足他们不断变化的需求。在互联网世界里，停止创新，就意味着被抛弃。

粉丝的需求是内容的生命，也是抖音账号的生命，我们在创作视频内容之前，一定要问问自己：“这是粉丝真正想要的吗？”

# 6.3 四大内容形式——你的作品以什么形式呈现更有卖点

抖音视频内容的呈现形式多种多样，有真人出镜类，还有图文类，我为大家总结出了四种最典型，也最受欢迎的内容呈现形式。

## ●单图视频

很多人注册了抖音账号以后就犯了难，因为他们既不会唱歌也不会跳舞，也不会讲段子，更没有专业技能，颜值也不是特别高，这种情况下要怎么拍抖音视频呢？或者说普通人要怎样拍出精彩的视频？

不用担心，有一种视频所有人都会做，那就是图片类视频。图片类视频又分为单图视频和多图视频，先为大家介绍单图视频。单图视频就是把一张照片或者图片做成视频，并配上音乐。这种单图视频适合文字较多的内容，形式简单明了、方便阅读，是一种很受欢迎的内容呈现形式。

那么，这种视频要怎样制作呢？直接在抖音上上传图片吗？当然不是，在抖音上，图片是不能直接变成视频的，当然也无法添加音乐。

正确的操作方式是打开图片，然后在手机上使用屏录功能，持续录制图片，这样就可以形成一段视频了。

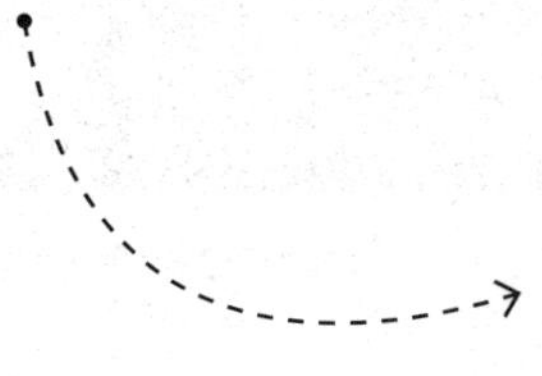

用手机屏录功能拍摄图片视频

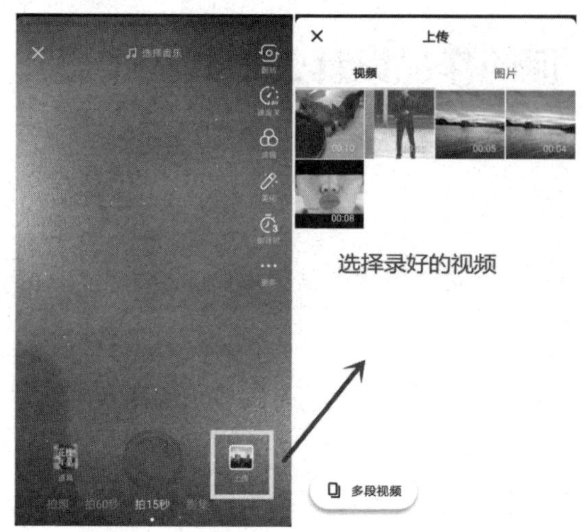


上传录好的视频

然后再点击“上传”，选择拍好的视频。

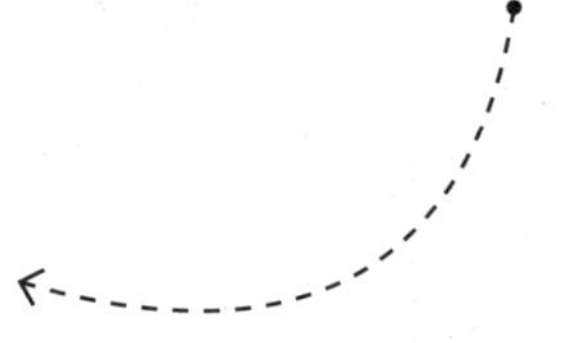

选取视频时长，并为视频配上合适的音乐。

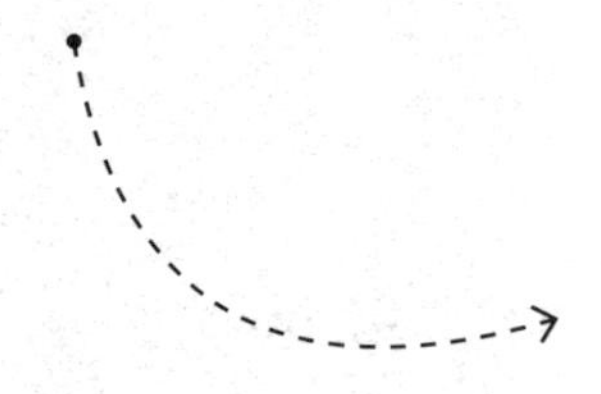

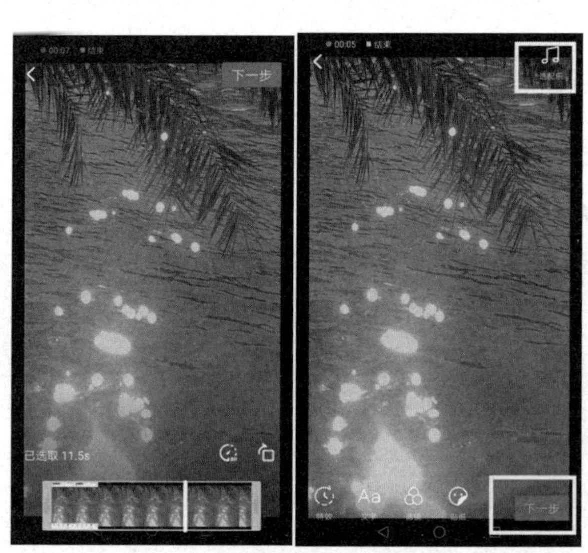


为视频选择时长并配乐

最后，为视频取好标题并点击“发布”，一个单图视频就完成了。

单图视频最大的优点是能做到完播率百分之百，完播率是指观众看完视频的百分比。单图视频一般文字内容稍多，15秒内不一定能看完，如果观众没看完就会重复播放，这样一来，一个视频就能达到好几个“100%完播率”。因此，单图视频是一个很好的提高账号完播率的方法，这种方法可以称为“单图轮播法”。

发布视频

## ●多图视频

多图视频，顾名思义就是用多张图片生成的视频。多图视频可以通过抖音的“影集”功能来制作。

抖音拍摄页面

当我们点击打开“影集”选项后，可以看到“赞”“倒计时”“节拍切换”“独奏”等呈现特效，你可以选择自己喜欢的特效，然后再添加手机上的图片就可以生成多图视频了。具体步骤如下：

第一步：点击拍摄页面的“影集”。

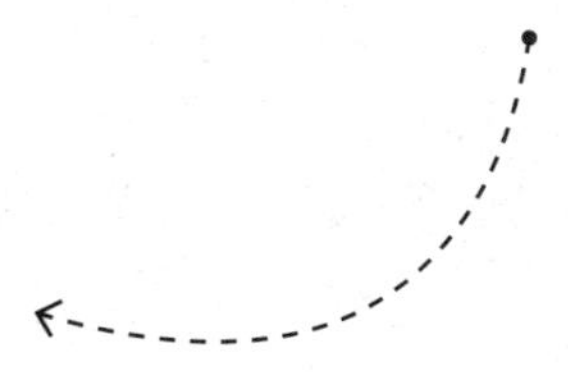

影集特效

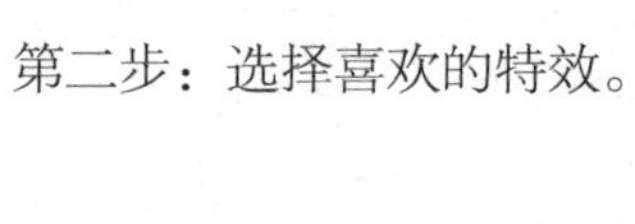

第二步：选择喜欢的特效。

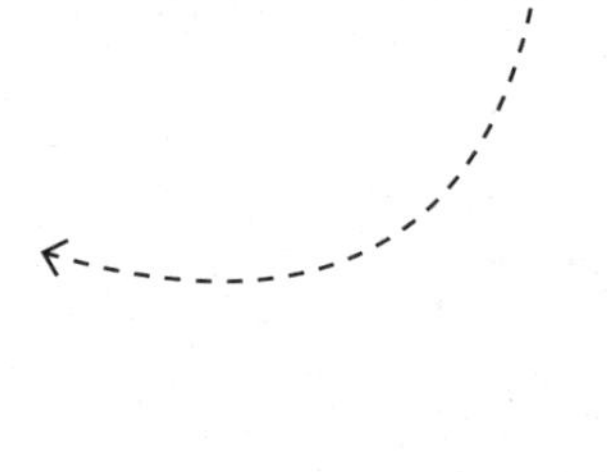

第三步：添加照片或图片。

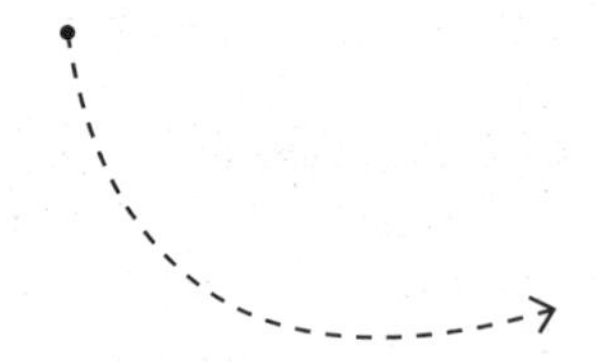

选择手机中的图片

第四步：选择喜欢的音乐。

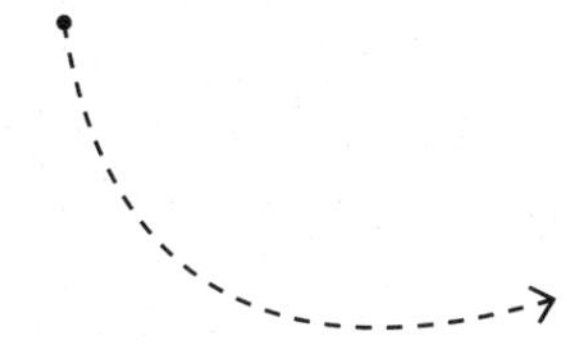

为视频选择配乐

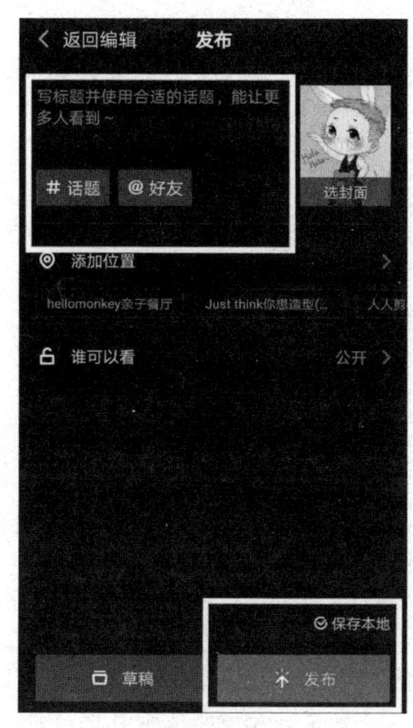


发布视频

第五步：填写视频标题，然后点击“发布”。

在制作多图视频时，我们应该注意以下几点：

（1）避免文字信息出现在图片下方四分之一处，因为标题等信息也会出现在这个位置，可能遮挡文字。

（2）文字不要出现在图片右侧，关注、点赞和评论图标都在这个区域，也可能遮挡文字。

（3）如果图片是以文字信息为主，文字内容最好放在图片的最中间；如果是“图片+文字”的形式，则应该把图片放在下方，文字放在上方。

（4）一张图片上的信息量不要太大，文

字也不要过多，应该尽量精简，让观众在很短的时间内就能看明白。

（5）图片的数量也不宜过多，应该控制在10张以内，如果图片过多，观众看了后面的就会忘了前面的。

多图视频很适合呈现干货类内容，很多营销类和销售类的抖音号大都采用多图视频的形式。

## ●文字动画视频

有人可能会认为图文视频太过简单，而自己恰好又有比较好的声音条件和表达能力，那么，就可以制作文字动画视频。

**①文字动画视频的制作方法**

制作这种视频需要借助一个叫作“字说”的软件，这个软件可以直接把语音转换成文字动画视频，动画效果、字体和短句还可以自由选择和调整，很多做微课和教学视频的大咖都很喜欢使用这个软件。

文字动画视频的制作主要依靠“字说”APP，视频制作完成后的上传方法与前面两种视频是一样的，这里就不再多讲了。“字说”APP的操作方法也比较简单，具体步骤如下：

第一步：在手机上下载“字说”APP，安装并注册后，点击屏幕下方的麦克风图标录制语音。

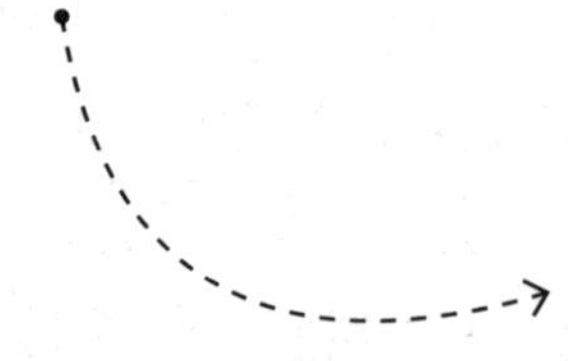

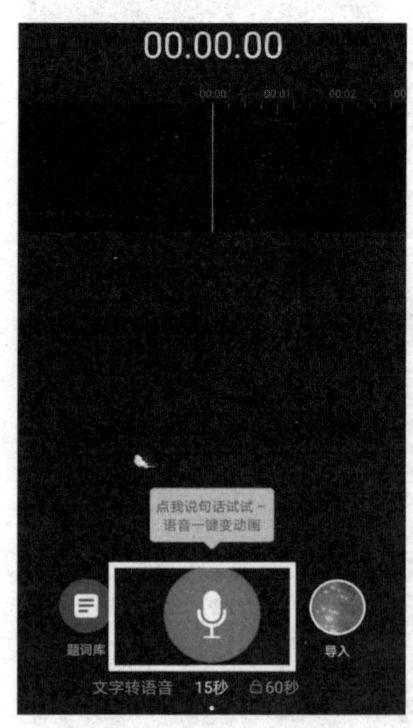


“字说”APP的录制界面

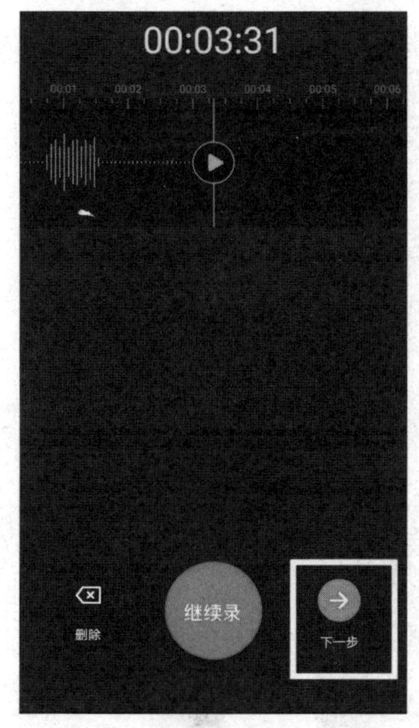


“字说”语音录制完成

第二步：录完语音后，点击“下一步”，生成文字动画。

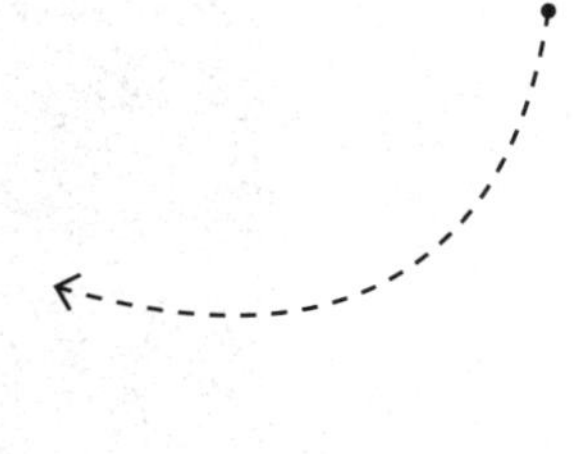

第三步：选择自己喜欢的文字效果。

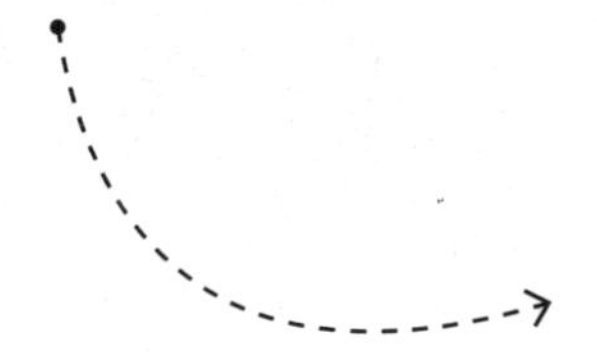

选择文字视频特效

第四步：选择封面，写上分享文字，点击“保存到本地”，文字动画视频就保存到手机里了。我们再将视频上传到抖音就可以了。

文字动画视频发布和保存页面

文字动画视频的制作方法并不难，只要按上面的步骤操作就可以了。制作这类视频的关键是文字素材的选择和排版方法，下面，我们一起来看看制作文字动画视频的技巧。

**②文字动画视频的制作技巧**

文字动画视频可以说是“零门槛”，人人都可以制作，只要选对素材就能吸引粉丝的关注。那么我们应该如何选择和收集素材呢？一般来说，文字动画视频的素材来源有以下几种：

（1）网络上的段子、鸡汤等内容。

（2）网络上、书籍上的知识和技巧等干货内容。

（3）自己的人生感悟。

（4）电视剧、电影中的经典台词等。

（5）其他平台上发布的语音、视频等内容。

文字动画视频要求制作者普通话标准，表达清晰、自然、流畅。如果你要表达自己的人生感悟，最好先打一个草稿，把自己的语言优化一下。

录完语音以后，我们还要对软件生成的文字进行排版，排版的时候要注意修改错别字和断句。我建议大家把每句话分开，排版为长短不一的形式，这样更有视觉冲击力。我们还可以给重点文字加上颜色和特效，让重点更醒目。

我们还可以给文字动画视频加上背景音乐，不过，背景音乐要与视频内容相符，如果视频内有人声，那么背景音乐的音量应该小一些，不要盖过人声。

## ●真人出镜类视频

真人出镜类视频是抖音上最常见的，也是目前最多人拍摄的一种视频类型。真人出镜就是由账号主播或者其他人亲自露脸出镜拍摄的视频，我们常见的唱歌跳舞、美食探店、街头采访类的视频都是真人出镜类视频。

真人出镜类视频分为以下几大类型：

**①颜值类**

颜值类视频的卖点当然是小哥哥和小姐姐的高颜值，颜值类的视频很容易引起关注，而且互动性也更强，有些高颜值的主播只要唱一首简单的歌，或者跳一个简单的舞，就能获得上百万的点赞。比如，抖音达人“菲菲大魔王”就是典型的高颜值主播，她发布的每条视频都很受欢迎。

**②搞笑类**

搞笑类视频基本上可以覆盖所有类型的粉丝，可以说是“万能型”的吸粉利器，但要把搞笑视频做好却不容易，它对表演和编剧都有一定的要求，要贴近生活，要“戳”粉丝的笑点，但又不能过于低俗，其中的“度”全靠自己把握。比起其他类型的视频，搞笑视频是最难做的。

**③技术类**

技术类视频一般是由某位专业达人分享某个领域内的专业技巧，烹饪教学、生活技巧分享等都属于技术类视频。还有一种技术类视频是以“炫技”为主，著名的“黑脸V”就是技术类视频的大咖，虽然他没有露脸，但也是真人出镜。另一位抖音达人“骑行单车黄师傅”的视频也属于技术类，他的视频中展现了高超的单车骑行技巧，比如楼梯骑行、单轮骑行等。

**④表演类**

情景剧、唱歌、跳舞等内容都属于表演类视频，这类视频对主播本人的素质有较高的要求，要有才艺或者会表演。

以上就是抖音的四大内容呈现形式，有些呈现方式比较简单，而有些则有较高的难度，我们可以从简单、易上手的形式开始，等以后能力水平提升了，再慢慢尝试其他的形式，摸索出最适合自己的内容呈现方式。

## 6.4 做抖音，刷1万个爆款视频不如会用这8个内容模板

抖音上的爆款视频非常多，它们的内容多种多样，形式也千变万化，我们不可能去一一模仿每一个爆款视频，但却可以从中总结出一些规律。我从上万个爆款视频中总结了8个内容模板，掌握了这8个模板，你就掌握了拍摄抖音视频的精髓，还可以在这8个模板的基础上自由发挥，拍出属于你的爆款视频。

### ●抖音内容模板一："搬运"法

所谓搬运，就是从其他的平台上搬运视频，比如国外视频网站YouTube、国外社交媒体Facebook或instagram，还可以从微信朋友圈、微博等国内社交媒体平台上搬运。

我要申明一点，这里的"搬运"并不是原封不动地照搬，现在抖音和其他平台都很重视版权，原样照搬会构成侵权，有可能会被平台删除。我所说的"搬运"是指借鉴其他视频和文章的主要创意。

比如，你在朋友圈里看到了一个很有意思的段子，那么，你可以把这个段子拍成情景剧，也可以做成图文类视频。电影和电视中有意思的情节也可以借鉴，看到了好视频，你可以照着拍一段。

在运营抖音账号的初期，搬运是一个很好的办法，可以帮我们迅速积累一些

点子和创意，而且能快速吸粉。但是，当你运营抖音账号一段时间以后，就不能再依赖搬运法了，要开始运用更高级的内容模板，做更有独创性的内容。

## ●抖音内容模板二：模仿法

模仿和搬运的操作方法差不多，就是看到优秀的视频后，自己再照着样子拍一个。但是，和搬运不同的是，模仿是建立在分析的基础上的。

我们要把模仿对象进行拆解，分析它吸粉的点和爆红的内在逻辑，在抓住这些关键点后，再进行模仿。而且，我们还要在抖音上找到自己的对标账号，全面分析它的昵称、简介、背景图和视频拍摄手法，总结它的经典套路，并在我们自己的账号中进行模仿和借鉴。

模仿可以让我们迅速抓住热点，了解抖音上的流行趋势，还能够学习和吸收同类账号的优点。模仿还有一个好处，那就是方便做广告植入，当一个“梗”或者段子火了，我们可以马上模仿着拍一个，并植入产品或品牌，利用热度带货。

## ●抖音内容模板三：还原法

还原法是指从内容、粉丝反馈、身份、策划逻辑这四个维度来还原一个视频背后的创作逻辑，只要掌握了创作逻辑，我们也能拍出类似的爆款视频。下面我就以抖音红人杜子建的一条视频为例，来为大家详细讲解还原法的操作方法。

### 案例　四维还原法拆解，揭示抖音红人杜子建的吸粉秘诀

杜子建以鸡汤和营销干货出名，经常发一些与教育、感情和人生感悟相关的视频，他的视频往往能够引起很多人的共鸣，每条视频下都有几万条评论，他的粉丝数也高达1000多万。

他的一条视频“解决懒的办法”，获得了43.5万点赞、3万条评论和6.6万次转发，这个数据可以说是非常优秀的。杜子建究竟是怎样做到的呢？这条视频之所以受欢迎，它背后的逻辑又是什么呢？下面我将为大家一一还原。

**①内容还原**

我们一起来看一看这条视频的内容，首先从标题开始，这个视频的标题非常醒目，“解决懒的办法”这几个大字就放在屏幕的最中间。

其次是这声音，声音是杜子建自己的声音，虽然他的普通话有一些地方口音，但表达流畅，而且铿锵有力，非常有感染力。

然后是画面，视频的画面中有两个元素，一个是文字，第二个是杜子建本人。文字用红色字体，非常有视觉冲击力，杜子建本人在视频拍摄过程中除了摘眼镜以外，没有多余的动作，既让观众感觉亲切，又不会过多地吸引观众的注意力。

最后说说台词，这个视频的完整台词是：

解决懒的办法，第一，背井离乡；第二，身无分文；第三，举目无亲：活得没有指望了看你还懒不懒！你现在之所以懒，还不是你有个爹妈做长工，还不是有个老婆做丫鬟，还不是有个姐妹做用人……那些事你懒了他们就干了，然后你就享福了。当你举目无亲，当你身无分文，当你一无所有，当你背井离乡，你看你还敢不敢懒！我保证你活得跟一条狗一样，每天奔跑着生活。

这段话点出了当代年轻人懒惰和依赖的通病，引起了很多人的共鸣和自省。很多看了视频的人都会有感而发，他们会说些什么呢？接下来我们要还原第二个维度：粉丝反馈。

**②粉丝反馈**

我们先来看看，看过这条视频的粉丝都是怎么评论的吧。

我认真翻看了这条视频下面的几百条评论，其中最多的是对自己的反省，其次是感叹背井离乡打拼的不容易。杜子建还设置了问题：“你还知道其他哪些解决懒的办法？”这个问题引发了粉丝的思考和讨论，很多粉丝还分享了自己的经历和感悟。而且很多人都转发了这个视频，用它来鞭策自己。

从评论中，我们就可以看出，这个视频之所以如此受欢迎，就是因为它给了很多人极大的触动。杜子建为什么会如此了解粉丝的心理，又是怎么做到精准

“打击”的呢？还原了第三个维度——身份以后，你就明白了。

**③身份还原**

杜子建在大多数视频中都是以长者和长辈的口吻来说话的，一方面是他的年龄的确比较大，另一方面是他知道抖音的主要用户群体是年轻人，看他视频的粉丝也都是年轻人，以长辈的身份表达对年轻人生活、情感和教育的看法，会更有说服力。

而且，他能站在年轻人的角度思考，对粉丝来说，他既像一个长辈和人生导师，又像一个朋友。杜子建不仅了解自己粉丝的需求，也为自己塑造了一个可信、可亲的形象。

**④策划逻辑**

接下来，我们来看看这个视频背后的策划逻辑。其实，我们可以通过以下几个问题来拆解和分析。

（1）视频是给谁看的？

（2）目标粉丝群体是谁？

（3）为什么要说给他们听？

（4）他们最爱听的是什么？

（5）有哪些话是他们想说又不敢说的呢？

回答了这几个问题，相信你也能找到自己的创作方向。还原法可以从内容、粉丝反馈、身份、策划逻辑四个方面还原一个视频的内在逻辑，我们可以试着多还原几个爆款视频，从中找到自己的创作套路。

## ●抖音内容模板四：扩展法

当我们明确了自己的目标粉丝群体以后，就可以使用扩展法，以目标粉丝群体关注的话题为核心，扩展出更多的内容方向。扩展法可以分三个层次来进行。

**①人物扩展**

第一个层次是人物扩展，比如我们的抖音账号是做儿童教育的，我们的目标粉丝群体是孩子和家长，我们要拍摄亲子相关内容的视频。那么我们可以以10～15岁的孩子为核心进行人物扩展，列举出以孩子为核心的8组人物关系。

如下图。

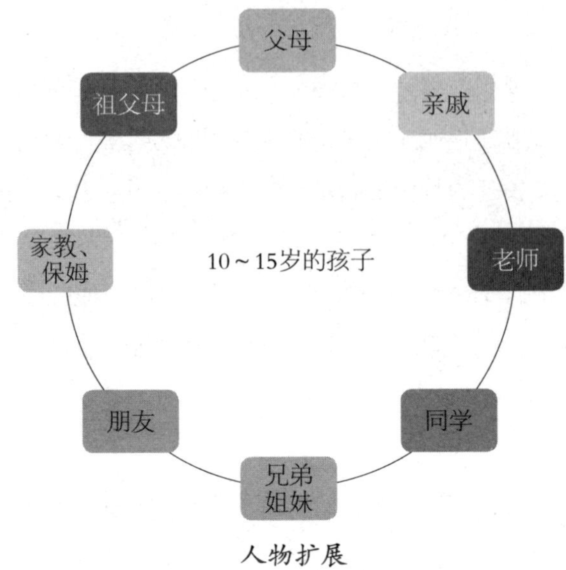


人物扩展

**②场景扩展**

罗列出人物关系以后，下一步我们要围绕人物关系来进行场景扩展，我们以“孩子——父母”这组人物关系为例来进行扩展，如下图。

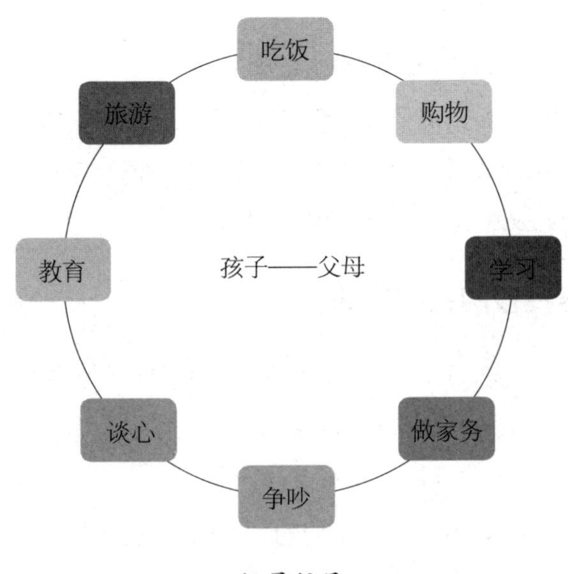


场景扩展

③事件扩展

有了人物和场景以后，我们还要构思事件，进行事件扩展。我们选取“孩子——父母”这组人物关系，选择“做家务”这个场景，可以扩展出若干个事件，比如：孩子帮父母洗碗、父母指责孩子不做家务、父母教孩子做家务等。

有了具体的事件以后，我们可以根据事件编出对话和动作，并表演出来，这样一个小视频就拍出来了。再回头看看前面我们扩展的人物关系和场景，如果把每一组人物关系、每一个场景都进行扩展，最后得到的素材数量会大大超乎我们的想象。

## ●抖音内容模板五：代入法

抖音短视频说简单也简单，说难也难，简单是因为只有15秒，不需要很复杂很有深度的内容；难也是因为只有15秒，我们要想办法把场景和故事浓缩到这15秒里。

就拿租房来说吧，我们要怎样在15秒内呈现出一个有趣的租房故事呢？答案是用代入法构建场景模板。我把自己带进访客的角色，构建出了一个租房场景模板，如下图。

租房场景模板

构建了场景模板以后，我们在各个场景中间发现冲突点，然后把冲突点演绎出来，拍成视频。与房东见面这个场景就可以发现好几个冲突点，比如搞笑极品房东与租客发生冲突，或者无良房东、租客等。

有了场景模板以后，我们可以不断地更换人物、段子、背景、事件等元素，源源不断地拍出新的视频。

## ●抖音内容模板六：反转法

反转法是制造戏剧感的好方法，也是大家屡试不爽的“万金油”方法，有反转效果的视频都格外精彩。前段时间在抖音大火的“妆前、妆后对比”视频，就是典型的反转视频。

运用反转法的一个关键点在于找到反差和对比，制造“神转折”和“反差萌”。我在抖音上看到过这样一个视频，主播为大家表演吃西餐的礼仪，但他使用的道具却是老干妈牛肉酱和馒头，用刀叉吃老干妈牛肉酱和馒头的反转行为造成了一种反差和喜剧效果，所以这个视频的播放量非常不错。

第二个关键点是找准时机，反转得太早会没了悬念，反转得太晚会让观众失去兴趣。我们在呈现反转结果后还要给观众留下一点儿回味的时间。此外，我们还要给视频起一个好名字，让粉丝产生好奇，再用反转制造惊喜。

反转法有一个最大的好处，就是调动情绪，情绪则有可能带来行动，比如点赞、关注和评论。

## ●抖音内容模板七：嵌套法

很多抖音视频都存在三个问题，第一个问题是信息量太少，第二个问题是缺乏吐槽点，第三个问题是不耐看。要解决这三个问题，我们就要运用第七个内容模板——嵌套法。

嵌套法就是在故事里套故事，在场景里套场景，这样做可以大大增加视频的信息量。下面我以一个例子来说明嵌套法到底是如何运用的。

比如，我们有两个故事，第一个故事是一对儿情侣吵架，两个人你来我往，互相吐槽。第二个故事是男生公司发了奖金，怕老婆发现，在家里找地方藏小金库。我们可以把第二个小故事嵌入第一个小故事中，这样故事就有了完整的前因后果，也会变得更有趣。同样地，我们也可以把第一个故事嵌入第二个故事中，因果颠倒后又是一个新故事：小金库被老婆发现后，两人开始吵架和相互吐槽。

有时候我们在网上看到了有趣的“梗”，但是这个“梗”又太短，不足以拍成一个完整的抖音视频，这时我们就可以运用嵌套法，把“梗”嵌入已有的故事中，让视频的内容更丰富、信息量更大。

## ●抖音内容模板八：刺激转化法

我们制作优质内容的目的是吸引粉丝点赞和关注，并把流量转化为盈利，所以，我们的内容一定要能够引起转化。

最后一个抖音内容模板就是刺激转化法，这个方法是最重要的，如果不能带来关注、引起转化，那么内容再优秀也没有用。在实施刺激转化法之前，我们要先弄清楚下面几个问题：

（1）怎样让粉丝把视频看完？

（2）怎样刺激粉丝点赞？

（3）怎样刺激粉丝发表评论？

（4）怎样准确刺激潜在粉丝关注？

这几个问题的答案只有一个：视频够精彩，能吸引住粉丝，并刺激他们行动。简单来说，也就是视频中是否有“钩子”能钩住粉丝，让他们坚持把视频看完，甚至重复观看。抖音中有一些我们很熟悉的套路，比如“有这5个特点，你就老了”“最后一个方法太绝了”“看到最后有惊喜”等，这些套路都是在放“钩子”，钩着粉丝一直看下去。

那么，我们要怎样在视频中放“钩子”呢？除了上面提到的这个套路，还有以下几种方法。

**①设置隐藏信息**

你可以在视频中植入自己的QQ号、微信号等信息，让粉丝去寻找，植入的方式有很多，数字、手势、谐音都可以，植入信息后，可以在视频的最后告诉粉丝：“我在视频中隐藏了自己的微信号，你们谁能先找到呢？”这样一来，粉丝就会反复观看视频，直到找出隐藏信息。

设置了隐藏信息以后，还要在评论区积极和粉丝互动，鼓励他们积极寻找，并给最先找到的人一些奖励。

**②设置谜题**

我们可以在视频的开头设置谜题，让粉丝在视频中找答案。比如，我们可以拍摄一个魔术视频，让看视频的人来解谜，这样就可以让他们多看几遍。解开谜题的人会获得成就感，进而关注我们，并与我们互动。

**③故意留下破绽**

看电视时，我们都喜欢寻找穿帮镜头，如果找到了就会很有成就感，恨不得发朋友圈“昭告天下”。所以，我们也可以故意在视频中留下一些破绽，给粉丝一个吐槽的理由，这样做可以强化互动。不过这个破绽不能太刻意，否则会收到相反效果。

设置“钩子”的目的是给粉丝一个继续看下去的理由，给粉丝一个点赞和评论的理由。这个理由可以是吐槽，可以是宣泄，可以是解谜和回答问题，也可以是简单的社交。有了互动的理由，就会有建立关系的可能。当然，刺激只是一时的，要让粉丝长期关注，我们还是要努力提升内容质量，满足粉丝的需求。

以上就是抖音内容的8个模板，这8个模板是我们丰富素材库、获得内容创意的利器，希望大家能够掌握并灵活运用。我们在拍抖音视频时，不要拒绝“套路”，而是要把“套路”研究透彻，并转化成自己的知识，让“套路”为自己所用。

## 6.5 如何在内容里巧妙植入产品

在抖音视频中植入产品，是一种很常见的带货方法，但植入产品也要讲究技巧，不能太过生硬，还要保证视频内容的可看性。在本节中，我将与大家分享几种植入产品的技巧。

### ●直接秀出产品

有的产品本身就很有趣，而且自带话题性，遇到这样的产品，我们可以直接大大方方地展示产品，为粉丝介绍产品的功能，用产品本身的魅力吸引粉丝。

**案例** “开箱大鸡”直接展示趣味产品，激起粉丝购买欲

抖音主播“开箱大鸡”展示的多功能笔记本、可爱猪猪锅和能做沙冰的捏捏杯这三个产品，本身就有很强的趣味性，仅仅展示产品就能吸引观众看下去，而且看完之后会产生购买的冲动。

### ●换个角度，从侧面呈现产品

如果你的产品和同行的差不多，而且趣味性也不强，这种产品应该怎样植入呢？你可以换个角度，从侧面呈现产品。

**案例** Amore比萨店独辟蹊径，用独特菜单吸引粉丝和顾客

大连的一家比萨店就独辟蹊径，不去展示比萨，而是在菜单上做文章，直接将菜单做成了圆形，把每个比萨完整地印在菜单上，每页都是一个“色香味”俱全的比萨，翻着这样的菜单，粉丝和顾客都会忍不住食指大动。这个视频获得了15万点赞，还有人留言说：“看菜单看饿了，想去这家店吃比萨。”

### ●大开脑洞，挖掘产品的其他用途

在展示产品时，你可以脑洞大开，挖掘产品的其他用途，用幽默搞笑的方式展现出来，让粉丝拍案叫绝。

**案例** 海底捞网红吃法，引发打卡热潮

前段时间红遍抖音的“海底捞花式吃法”“海底捞最省钱吃法”“海底捞超好吃自制底料”等视频就开启了海底捞火锅的各种吃法，海底捞也顺势推出了“抖音吃法”和“网红搭配”，很多网红大咖也纷纷到海底捞打卡，海底捞的营业额也因此增长了不少。

我们在植入产品时，也可以借鉴这种方法，曾经有人拍过用iPad盖泡面、当砧板的视频，这就是很不错的创意。

### ●放大优势，夸张呈现

放大优势、夸张呈现的植入方法和“直接秀出产品”在本质上是相通的，都是直接展示产品的优点和特性，只不过这种植入方法更夸张，要放大产品的优势，并用戏剧性的手法呈现出来。下面案例中的凯迪拉克销售人员也很有创意。

**案例 凯迪拉克“隐藏空间”藏私房钱，亮点突出引关注**

凯迪拉克的某款车型有“一键开启隐藏存储空间”的功能，销售人员拍摄了一个抖音视频“藏私房钱最佳位置”，用幽默的手法放大了这个亮点，引起了很多粉丝的关注。这个视频的点赞量达到了6万多。

### ●利用场景植入

利用场景植入，就是把产品放进场景中，这种植入方法比较自然，很多抖音主播都用过，在很多影视剧中也会出现这种广告植入方法。比如，男主角口渴了，拿起一瓶矿泉水，而水瓶上的品牌也很自然地出现在了镜头中。

### ●展现口碑，突出产品火爆程度

产品的好坏，我们自己说了不算，好口碑才是最有力的证明。我们在抖音视频中做产品植入时，可以从侧面展现产品的口碑。

**案例 “喜茶”门口的排队场景，展现产品好口碑**

知名奶茶店“喜茶”门口的排队场景，就很好地说明了这家店的火爆程度。粉丝看到了这样排大长龙的景象，一定会忍不住到店里买一杯奶茶来尝尝。

### ●曝光企业文化，展现趣味日常

有时候，展现企业文化和员工的趣味日常也是一种很好的植入方法。因为，消费者除了关注产品品质和服务质量以外，还会关注企业文化。如果能展现出员工之间轻松有趣的日常和温暖有人情味的企业文化，一定能赢得粉丝和消费者的好感。

我们完全可以把员工日常、办公室趣事当成抖音视频的拍摄题材，向粉丝展现企业文化，潜移默化地推广自己的产品和品牌。

**案例　“小米员工的日常”拍摄办公室趣事，展现企业文化**

抖音账号“小米员工的日常”经常发布一些办公室趣事和员工的搞笑日常，获得了很多人的关注，那些不了解小米和小米产品的人，也会因此而走近这个品牌。

植入产品的方法当然不止上面几种，你可以大胆发挥自己的创意，不要因为植入了产品就觉得不好意思，只要你的视频够精彩、够好看，是不是广告又有什么关系呢？

## 6.6　借鉴不等于照搬——什么是真正的原创

前文中虽然介绍了一系列模仿和借鉴的方法，但是，如果想把账号做大做强，终究还是要依靠原创内容。只有拥有了强大的原创力，抖音账号才能走得更稳、更远。比起其他方式，原创的优点很突出，一是没有风险，二是成功的概率更大，三是能获得更大的利润。为什么这么说呢？不妨先来看一个例子。

**案例　“萌芽熊”坚持原创，吸粉过千万**

抖音上有一个昵称为“萌芽熊”的企业号，它的全部内容都是原创，就连视频的主人公，可爱的动画形象萌芽熊和它的朋友们也都是原创的。这个抖音账号的粉丝量目前已经超过了1000万。“萌芽熊”发布的视频都能获得很高的点赞量，其中有一个标题为“这一生，这一次，至少要骄傲地盛开过”的视频点赞量更是达到了300多万。

这个视频讲述了这样一个故事：可爱的萌芽熊捡到了一枝被抛弃的玫瑰，并把这枝玫瑰放进装水的花瓶里，每天陪伴它、安慰它、鼓励它，希望它能快快恢复。在萌芽熊的关怀下，玫瑰终于恢复了生机，并勇敢地绽放了自己。这个充满温情和正能量的故事受到无数粉丝的喜爱和关注。

原创的好处大家都知道，可是真正做起来都会觉得很难。坚持做原创的确对很多人来说都是一个大难题，我们应该如何突破这个难题呢？以下四个策略可以为大家提供一些参考。

## ●做好原创内容定位

在前面的章节中，我们已经分享过了内容定位的具体方法，在这里我就不再详细说明了，只谈一谈原创内容定位的大体思路。

目前，抖音上的原创内容可分为两大类，第一类是大众娱乐型内容，如唱歌、跳舞、搞笑等；第二类是细分垂直型内容，就是各行各业的专业知识和技能分享。喜欢第一类视频的粉丝多半是因为喜欢和认可主播才看视频的，还有一小部分是为了打发时间。而喜欢看第二类视频的粉丝多半有学习的需求，对某个领域的专业知识有较强的好奇心，这类粉丝的黏性和转化率通常都比较高。

我们在定位原创视频内容时应该尽量往细分垂直型内容的方向走。做这类视频还有一个好处就是素材多，一个知识点就可以拍一个视频，专业领域内涵盖的知识点有很多，所以可供拍摄的内容也很多。

## ●利用热点做原创

我们每天都会看到各种层出不穷的新闻热点，这些新闻热点都可以作为我们原创视频的内容素材，而且，在前文中我也提到过，热点更容易获得关注。那么我们要怎样把新闻热点加工成自己的原创内容呢？下面给大家介绍几种方法。

**①把热点话题编成段子**

热点话题通常都有相关的新闻和事件，我们可以根据新闻和事件的情节把热点话题编成段子，并表演出来。如果能和日常生活结合一定会更受粉丝欢迎。比如，有段时间网上很流行“塑料姐妹花”和“别人家的男朋友”等话题，抖音上就有很多人围绕这些话题创作了很多情景剧和搞笑段子的视频。

**②围绕热点话题做街头采访**

我们可以围绕热点话题做街头采访，收集路人的看法，做成视频。这种街采视频很容易引发讨论和互动。不过我们在采访路人时，一定要事先与对方沟通，征得对方同意后再拍摄，以免引起纠纷。

在针对热点话题做街采之前，我们要先想好问题，以及要从哪个角度去切入，最好提一些比较有讨论空间的问题，这样更容易引发粉丝的互动。另外，选择采访对象时，可以选择那些比较有特点的路人，比如颜值高的或者比较时尚的，这样拍出来会比较好看。

**③发表自己的观点，抛出话题**

我们也可以针对热点话题发表自己的观点，并抛出问题引导粉丝讨论。视频的形式可以是图文，也可以是真人出镜。但是，我们在发表观点时，应该注意迎合粉丝的想法，否则就会掉粉。在视频的最后，我们还可以提出问题让粉丝去回答或者讨论。

### ●扩展思维，寻找新思路

我们在做原创视频时一定要扩展自己的思维，要学会变换角度看问题，从各个方面去思考一个事件和话题，才能想出更多的点子。另外发散思维和逆向思维也很重要，从一个点延伸到多方面，从结果推导原因和过程，都能让我们产生更多创意。

### ●坚持原创，突破瓶颈

很多人在做原创视频时都会遇到三个瓶颈，第一个瓶颈是做出来的作品和期待中的效果存在较大差距；第二个瓶颈是资金无法持续支持原创视频的创作；第三个瓶颈是找不到好选题，越做越没新意。

针对这三个瓶颈，有如下解决办法：首先，要不断完善自己的作品，不要急功近利，一有新创意就拍视频发布。对于自己的视频内容，我们应该抱着精益求精的态度，做到最好才能发布。

其次，要想出变现方法，为自己的后续创作获取资金支持。在后面的章节中，我会具体讲抖音变现的方法。最后，我们要充分挖掘粉丝的需求，从粉丝的角度去考虑选题，还要多关注时事热点，挖掘新点子。

原创，是抖音运营的根本，如果没有原创内容，我们的抖音账号就像无根之木，无源之水，吸粉和变现都不可能实现。

## 6.7 别碰“高压线”——在抖音不能涉及的禁忌内容

每个平台都有自己的规则，抖音也同样如此，我们必须遵守平台的规则，才能运营好账号，做好抖商。抖音平台上有几条“高压线”是千万不能碰的，一旦触碰，轻则限流、降权，重则被封号。一旦被平台惩罚，以后就再也没有出头之日了，之前所有的努力都白费了。

下面的几类内容都是抖音平台上的“高压线”，我们在创作内容时，一定不要触碰。

### ●直接照搬别人的视频

抖音平台鼓励原创，对抄袭现象的惩罚是很严厉的，一旦发现大量重复内容，平台就会对账号进行审核和限流。而且抄袭搬运被发现和举报的话，轻则删除视频，重则封号。

所以，我们千万不要抱着侥幸心理，把别人的视频去水印后搬运到自己的抖音账号。现在的网络很发达，而且大家“维护版权，保护原创”的意识也越来越强，搬运视频非常容易被发现，你可以借鉴别人的创意，但是不能原样照搬。如果你非要走这条“捷径”，就要做好被举报的准备。

### ●发广告

有人可能会问：“为什么不能发广告呢？大家都在抖音上推广产品啊！”是的，大家都只是在做推广，而不是直接发广告。

什么叫直接发广告呢？抖音平台规定：广告的形式包括但不限于在主页、评论区、私信里面发具体的联系方式，视频内容过度渲染产品信息，这些行为都有可能被系统判定为广告。

其实，很多抖音账号都在自己的简介里发了微信号和微博，但是，只要仔细观察我们就会发现，他们都运用了谐音或图片，没有直接打出“微信”“电话”这几个字，这种方法我们可以借鉴。

我们可以在抖音推广品牌、分享产品，但是不能直接发广告，两者之间的界限，要靠我们自己去拿捏。

不过有两种情况是可以直接发广告的，一种情况是你已经成了抖音红人，并通过抖音官方的星图平台接到了广告，那么你就可以直接用各种形式做广告。另一种情况是你申请了企业“蓝V”认证，也可以通过抖音专门的渠道做广告。如果是普通个人账号，也没有从官方途径“接活儿”的话，就尽量不要去触碰广告这条“高压线”，在做推广时要多学习一些植入和包装的技巧，避免被系统判定为广告。

### ●传播负面内容

负面内容包括但不限于：色情暴力的内容、表达悲观厌世情绪的内容、破坏社会和谐稳定的内容、侮辱国家领导人和革命先烈的内容、造谣传谣、侮辱他人的内容等。这些内容在抖音平台都是禁忌，而且制作和传播有些内容（如色情暴力）甚至可以构成违法犯罪了，我们千万不能触碰。我们可以在“设置”页面中的“社区自律公约”查看有哪些负面和违禁内容，并牢牢记在心中。

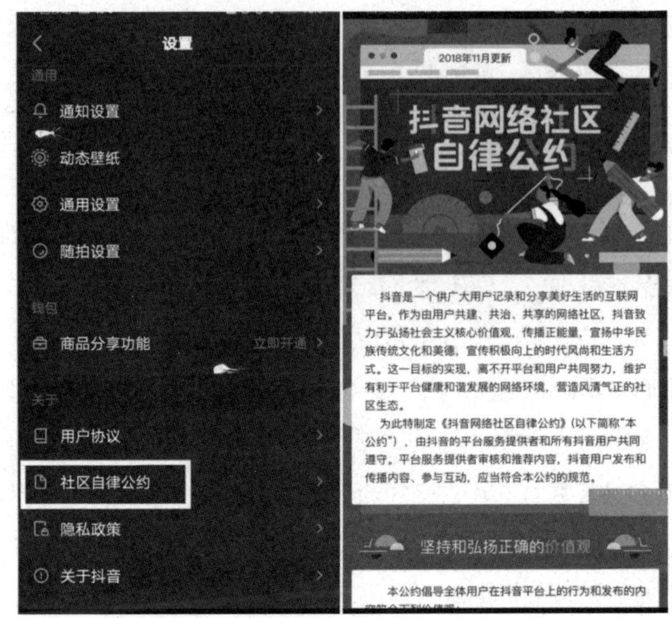


社区自律公约

另外，抖音中还有一些“违禁词”，这些违禁词是严禁出现在视频和文案中的，视频的评论区也不允许出现。我们在创作视频和留言时应该注意。

抖音的口号是“记录美好生活”，我们应该多发一些美好的、具有正能量的内容。

运营一个抖音账号不容易，希望大家能珍惜自己的劳动成果，不要因为触碰了以上三条“高压线”而让自己的努力付诸东流。

# 吸粉篇

## 史上最简单的吸粉技巧，一个月粉丝过万

在抖音上，吸粉也是有套路的。首先，我们必须保证视频拍得好看，必要时还要学会后期处理，为视频增加特效，让视频更加出色。有了优质的视频，我们还要掌握一些运营套路，并了解抖音推荐算法，以达到持续涨粉的目的。在所有运营手段中，直播和挑战赛是吸粉最快的两种方法，能帮我们快速涨粉。

## 7.1 拍摄是保证——用手机如何拍更好看

随着科技的发展，手机的拍摄功能越来越强大，过去要用专业设备才能拍摄的视频，现在用一个手机就能全部搞定。现在的手机不仅美颜功能专业又全面，随手就能拍出“高颜值”大片，而且画面也越来越高清，只要掌握一些小技巧就能拍出好看又专业的抖音视频。下面，与大家分享几个抖音视频的拍摄技巧。

### ●保持画面稳定

拍摄抖音视频时，保持画面平稳很重要，如果画面中出现抖动，会影响视频效果，别人看视频的感受也不好。如果你的手够稳，那么你可以用手拿手机拍摄。如果你的手不够稳，就要借助专业工具了。

**①手机三脚架**

手机三脚架是非常实用的拍摄工具，它可以上下伸缩，既可以把手机架在桌面上拍摄，也可以拉长拍摄全身镜头。三脚架能起到稳定手机的作用，拍视频或做直播时都可以使用。有的三脚架还有打光的功能，可以帮我们调整拍摄光线，也能起到美颜的作用。

**②手持稳定器**

如果你有足够的预算，或者有户外拍摄的需求，可以准备一台手机手持稳定器。手机手持稳定器可以让你在走动的同时也保持手机的稳定，它具有人脸识别、目标跟随、自动转向、自动对焦、自动拍摄、360° 旋转拍摄和拍摄360° 全景影像等功能。

有了手持稳定器，无论你怎么动，画面都会保持平稳，你也可以发挥想象，拍出更多有创意的视频。

## ●拍出高清画面

视频上传到抖音后，质量会被压缩，所以，我们在拍摄抖音视频时，要把手机分辨率调到最高。如果你的手机是1080P高清手机，那么你就能拍出1080P的高清视频，但是要记得把分辨率调整到1080P。

## ●选好音乐，节奏要踩点

抖音上有很多“踩点大王”，在他们的视频中，人物的动作都刚好卡在音乐的节拍上，这种视频不仅有很好的视觉效果，也会吸引粉丝一直看下去。踩点卡节拍的方法有很多，可以用动作卡，也可以用转场来卡。

我们可以直接用抖音做出卡点视频，点击“上传”，选择多段视频后，将第一个视频的时长设置为2.0秒，其他的全部设置为0.5秒，最后选择踩点音乐，并关闭原声就行了，步骤如下图所示：

制作卡点视频的步骤

## ●利用转场，丰富画面

转场就是变换场景或背景，拍摄转场效果需要把多段视频进行组合，用不同的场景来展现画面的丰富性。如果画面中有参照物，就要保持参照物不变，如果参照物是某个人，那么这个人的服装、发型都不要变。如果没有参照物，就可以借用后期特效来进行不同场景的衔接。只要善用转场技巧，你的视频就会变得“高大上”。

## ●根据音乐加入动作

有时候，我们可以根据音乐，在视频中加入一些小动作。特别是在歌唱和舞蹈视频中，动作能起到“点睛”的作用。

比如，如果音乐中有开枪的声音，就可以做出开枪的动作；如果音乐中有咀嚼的声音，我们也可以配合做出吃东西的动作。当然，动作不一定要百分百地配合声音，只要起到增加趣味性的作用即可。

如果音乐太快，无法跟上节奏也没关系，可以先以慢动作录制，再用正常速度播放，当然也可以借助后期软件进行剪辑。

以上就是拍摄抖音短视频的一些技巧，当然创意视频的拍法远远不止这些，这些只是最基本的，更多方法需要大家自己去摸索和学习。

## 7.2 制作是基础——最好用的三个制作工具

如果我们想让自己的抖音视频有更好的效果，就需要借助第三方工具，我认为最好用的第三方工具有VUE VLOG、InShot和快影。下面，给大家介绍这三种软件的用法。

### ● VUE VLOG的使用方法

VUE VLOG集视频拍摄和视频美化功能于一体，我们可以用它拍摄视频，并对视频进行剪辑和美化，让手机拍摄的视频也能呈现出电影的质感。那么，VUE VLOG应该怎样使用呢？

VUE VLOG软件的图标

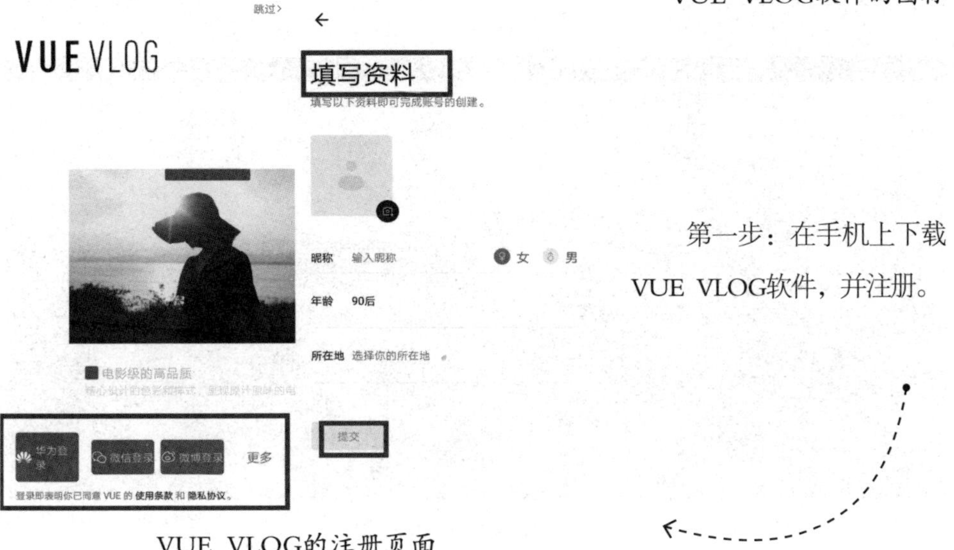


第一步：在手机上下载VUE VLOG软件，并注册。

VUE VLOG的注册页面

第二步：注册完成后，就可以点击屏幕下方的相机图标进行拍摄了。点击相机图标后，我们可以看到“拍摄”“导入”和“创作套件”三个选项，“创作套件”可以帮助我们快速生成美食、旅行等主题视频。

VUE VLOG主页

第三步：选择“拍摄”选项后，就可以拍摄视频了。进入拍摄页面后，我们可以看到屏幕下方的红色圆形图标，点击它就可以进行拍摄了。下图中，红色图标的两边还有四个小图标，它们的功能依次（从左往右）是选择画幅、选择滤镜、自拍、设置。

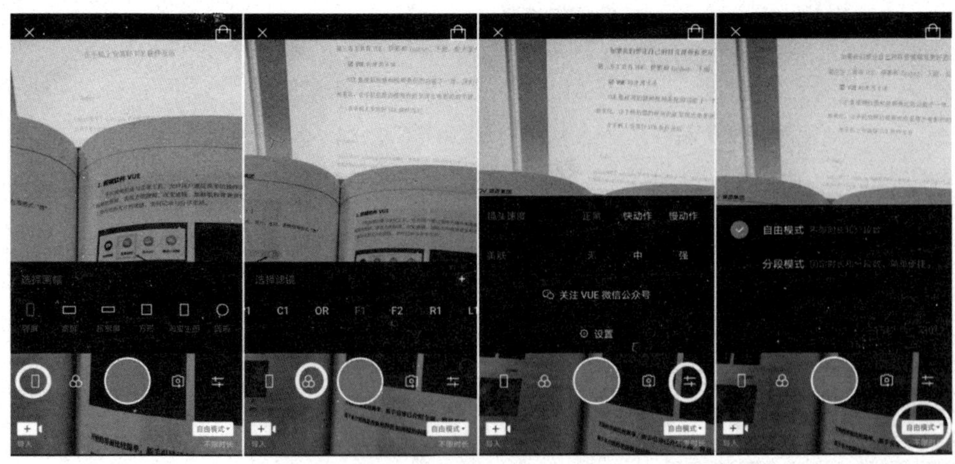


VUE VLOG拍摄页面

我们还可以点击右下方的“自由模式”选择“自由模式”和“分段模式”两种拍摄模式，自由模式不限拍摄时长，分段模式可以固定时长，如果我们要拍抖音视频，就可以把时长设置为1分钟或15秒。

VUE VLOG的功能十分强大，大家可以在使用的过程中去发掘，而且在VUE VLOG平台上还有很多视频版主发布的视频，我们也可以学习和借鉴他们的拍摄手法，并运用到自己的抖音视频中去。

## ●InShot的使用方法

InShot可以对视频和照片进行修改和视频剪辑，它还有一个特色功能就是可以在视频和照片上添加手绘贴图。InShot分为专业版和非专业版，专业版功能更全面，但需要收费，非专业版功能相对简单，但对于简单的小视频后期制作来说已经足够了。下面我们来看看Inshot的使用方法。

InShot软件的图标

InShot的初始页面

首先，在手机上下载InShot软件，该软件不需要注册，可以直接使用。屏幕右上角的“Pro”图标代表专业版，付费后才能使用。

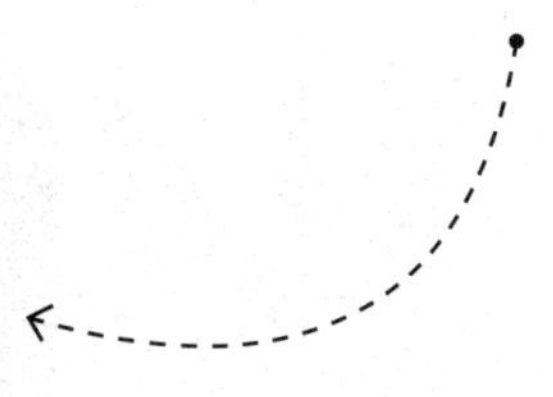

第二步：点击初始页面中的“视频”图标就可以上传视频，并进行剪辑和美化了。下方的一排白色图标对应不同的功能，可以选择使用。

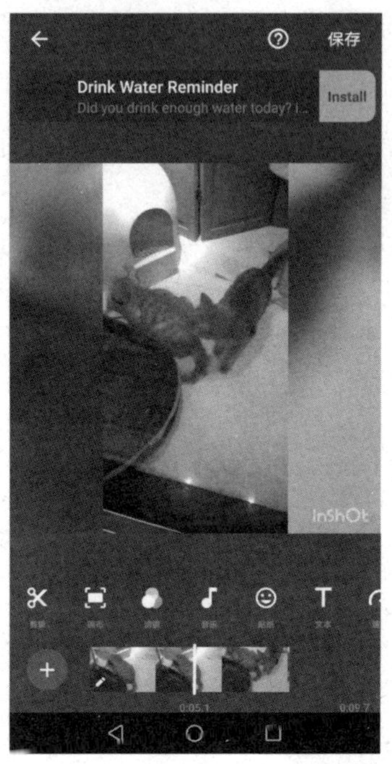


InShot的编辑页面

和VUE VLOG相比，InShot的功能更简单一些，可以满足我们最基本的后期需求。

## ●快影的使用方法

快影是一款功能很强大的后期软件，它除了能剪辑和美化视频外，还可以给视频加上字幕，一起来看看快影是如何操作的吧。

快影软件的图标

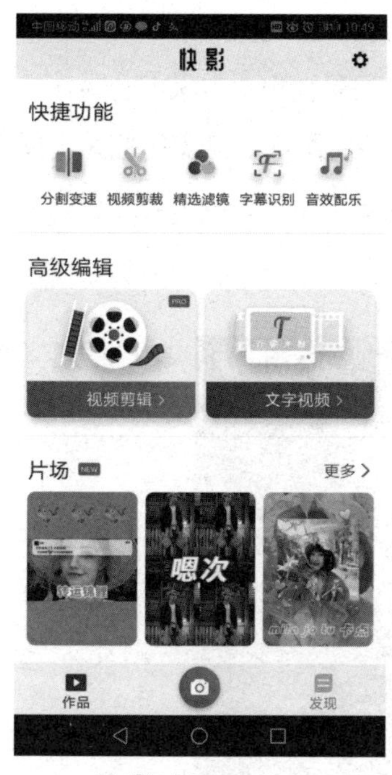

快影的初始页面

第一步：在手机上下载快影软件，快影也是不需要注册就可以直接使用的。进入初始页面后，我们可以看到“快捷功能”栏，其中快捷功能的使用方法都很简单，只需点击需要的图标，选择要剪辑的视频就可以进行操作了。

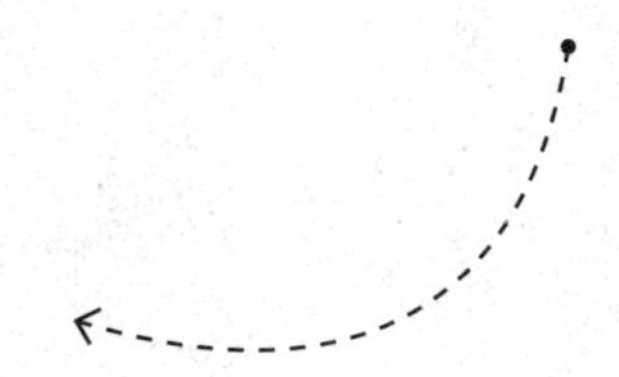

“高级编辑”栏中的“视频剪辑”功能可以进行视频剪辑，“文字视频”可以制作文字动画视频。

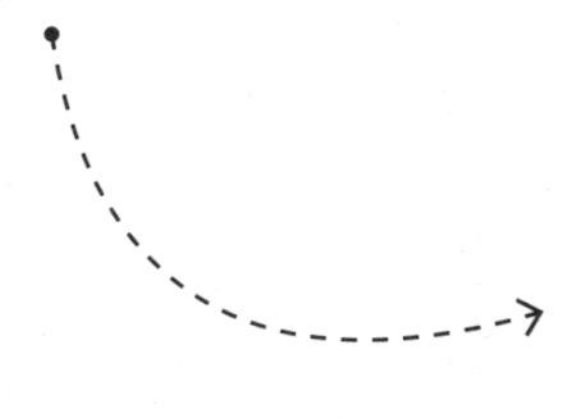

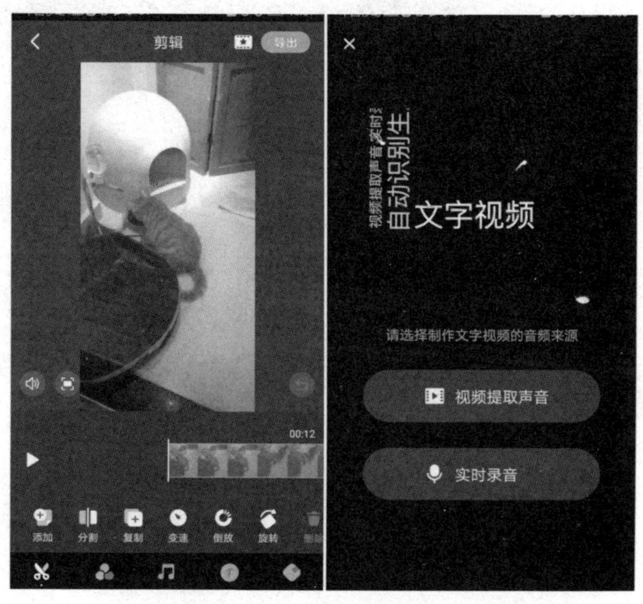

“视频剪辑”和“文字视频”页面

下面，我重点为大家介绍一下快影的添加字幕功能。首先，点击初始页面中的“字幕识别”快捷功能图标，进入字幕识别页面。如果视频中本来就有人声，可以点击“自动识别”进行字幕识别；如果视频中没有人声，但我们想配上文字，就可以点击“T+”图标，输入需要的文本，编辑好文字后，我们还可以选择自己喜欢的字幕样式。

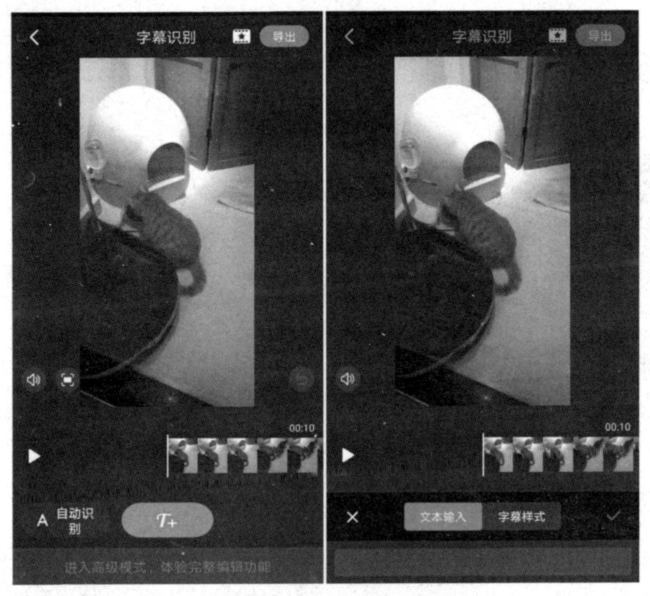


快影的字幕识别页面

以上三种都是我认为操作比较简单，也比较好用的后期软件，最重要的是它们都可以直接在手机上操作，十分方便快捷。当然，对视频的后期特效有更高要求的朋友，也可以去学习和使用更专业的软件。市面上的后期软件有很多，我们可以一边尝试，一边总结，找到最适合自己的后期剪辑工具。

## 7.3 吸粉靠套路——如何通过运营抖音号持续吸粉

抖音平台就像一个视频广场，广场上每天都有几亿人等着看视频，而你的视频也极有可能被推送到所有人面前，也就是说，所有的用户都有可能成为我们的潜在粉丝，只要掌握了套路，我们就能最大限度地吸粉。

吸粉套路要从洞察粉丝的动机开始，弄清了粉丝的动机，我们就能有针对性地实施运营策略了。一般来说，我们会从点赞、转发、关注这三种行为来分析粉丝的动机，制订相应的吸粉套路。

### ●吸粉套路一：感动粉丝

抖音上点赞数量较多的视频一般有几大类：搞笑类、才艺展示类、情感类或者正能量类。搞笑视频和才艺展示类视频之所以能获得粉丝的喜爱，一般有两种原因：一是粉丝喜欢主播，二是视频内容确实有趣。

而情感类和正能量类的“高赞”视频会受到粉丝的喜爱，则是因为它们真正感动了粉丝。比如，抖音上一个救助流浪狗的视频就获得了2万点赞。粉丝们都被这位主播的爱心和正能量感动，所以纷纷为她的行为点赞。

我们在拍摄视频时，也可以多发掘一些正能量的、感人的题材，让粉丝被感动，动动手指主动为我们点赞。

### ●吸粉套路二：让粉丝有收获

抖音上有很多分享小知识、小技能的视频，比如怎样收纳杂物、保养车子的小技巧等，这类视频最容易获得转发。我在刷抖音时，如果看到实用的小技巧也会点赞和转发，因为我觉得这些小视频让我有收获，我通过看这些视频掌握了一些小技巧，而且我想把这些视频分享给我的好友。

很多人转发视频的动机应该都和我一样，只要抓住了这个动机，我们就不难吸引粉丝了。让粉丝有收获，是吸粉的核心关键点。我们在运营抖音号时要时刻提醒自己，要做对粉丝有帮助的内容。

**●吸粉套路三：持续提供价值**

要让粉丝关注，就要持续为粉丝提供价值。李佳琦为什么这么火呢？因为他能源源不断地为粉丝提供价值，他的表演为粉丝带来欢乐，他的试色和测评让粉丝能及时掌握最流行的口红色号，他的店铺能让粉丝买到口红中的“断货王”。李佳琦为粉丝提供了这些价值，满足了粉丝的需求，所以他能收获一批黏度很高的粉丝，甚至能够做到跨平台吸粉。

试想一下，如果一位抖音主播每天发的内容都是自己的日常小事，仅仅只是记录自己的生活，你会关注他吗？我想很多人都不会选择关注，因为记录日常生活虽然对自己很有意义，但对他人来说却没有任何价值。

粉丝之所以选择关注某个账号，是因为这个账号能持续地为他们提供价值，能够为他们带来精神上或物质上的提升。以上这三大套路，不仅是吸粉套路，也是我们运营抖音账号的重要准则。想要得到粉丝的关注，你就要带给他们一些有价值的东西。

## 7.4 直播吸粉——最快捷的吸粉方式

众所周知，抖音也已经有了直播功能，我们也多了一个吸粉利器。和短视频不同，直播能让我们直接和粉丝进行实时互动，能够精准触达目标粉丝群体，所以直播是一种最快捷的吸粉方式。那么，我们应该怎样开通直播权限呢？

**●开通抖音直播的方法**

在抖音2019年新发布的版本中，开通直播功能的门槛变低了，0粉丝也可以开通直播功能。具体的操作步骤如下：

第一步：打开抖音APP，点击“我”进入个人主页，再点击屏幕右上方的三条短横线，此时会弹出工具栏，点击工具栏中的“设置”。

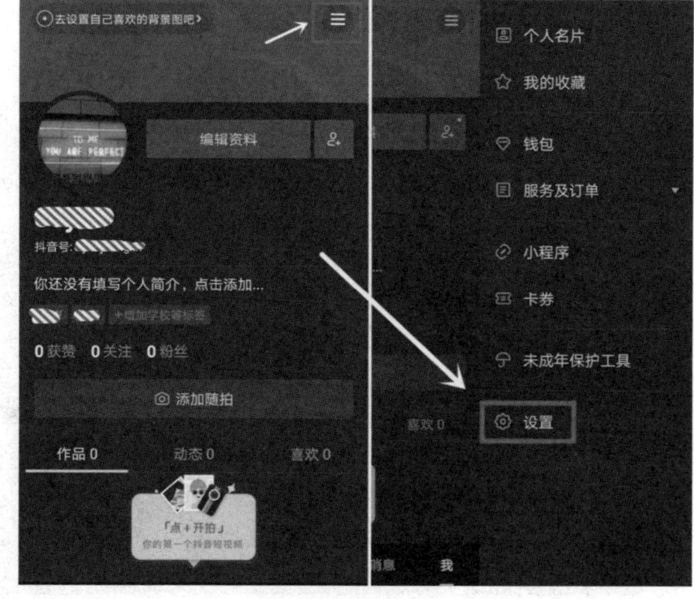


抖音个人主页

第二步：进入“设置”页面后，点击“反馈与帮助”，进入“反馈与帮助”页面后，再点击“直播（直播权限申请、直播其他问题）”这个选项。

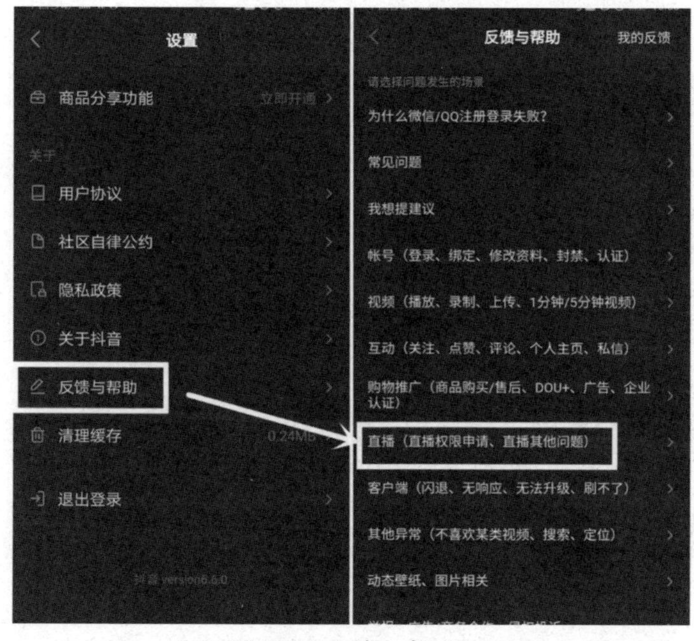


“设置”和“反馈与帮助”页面

第三步：点击“公会相关”，此时会弹出一个问题：“如何申请加入公会？”在这个问题中找到“更多”图标并点击。

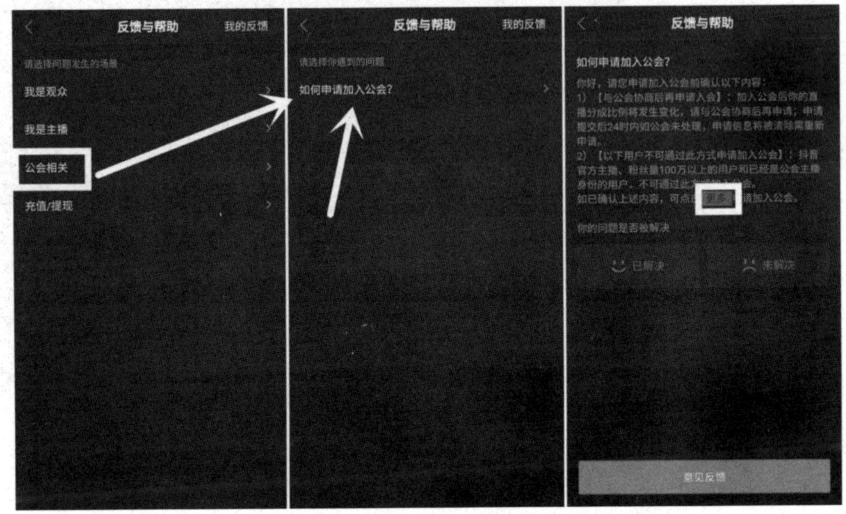


“公会相关”页面

第四步：输入自己想加入的公会名字，然后填写相关资料并“提交”，等待审核通过。

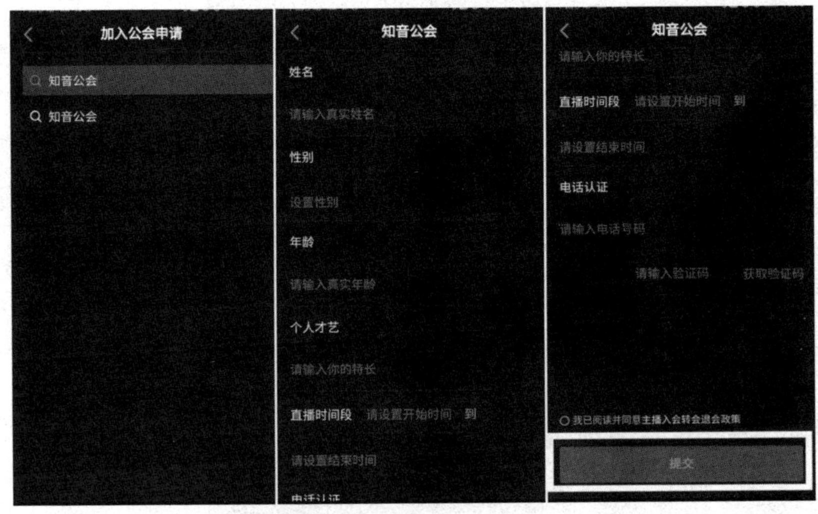


“加入公会申请”页面

只要通过了审核，我们就能正式开始直播了。接下来我们要考虑的问题：直播到底应该播些什么？在开通直播的初期，粉丝比较少，我们经常要面临自娱自乐的状况，这对我们的信心也是一个不小的打击。但是，如果我们想在抖商这条路上取得成功，就要坚持熬过这段尴尬期，并在这段时间里努力学习直播技巧，提升自己、积累粉丝。

要成为一个成功的抖音主播，不仅要提升自己的个人魅力，还要打磨自己的直播内容。要知道，直播的“无聊时代”已经过去了，直播吃饭、直播睡觉、直播聊天等无聊的内容已经无法吸引粉丝了，粉丝想看更有意思、更有内容的直播。如果我们的直播内容空洞、缺乏新意，就会被打上“无聊”的标签。那么，我们要怎么直播才不无聊，播什么内容才能吸粉呢？

## ●直播应该播什么

想做好抖音直播，会娱乐、会搞笑很重要，直播的质量和内容也非常关键。在直播的泡沫已经消退的今天，有内容、有创意、有价值的直播才能真正吸引粉丝。做抖音直播和做抖音短视频一样，要靠内容取胜。

目前，除了游戏直播以外，大部分主播选择的都是唱歌、跳舞等娱乐化内容，主播在做直播时以表演才艺和聊天为主，还有一小部分主播选择直播自己的日常生活，如吃饭、睡觉等。在各大直播平台还没有大火的时候，人们可能会因为新鲜感而关注这类娱乐直播和生活直播，可是新鲜感一过，粉丝就会感到乏味。想要长久地留住粉丝，光靠聊天卖萌是远远不够的，还是要靠内容取胜，“内容为王”这四个字放在哪个领域都是合适的。

我们可以利用自己的专业，从专业内容入手，提升直播的可看性，让观众从我们的直播中获得有价值的东西。而有价值的东西，才能吸引粉丝的长期关注。所以，我们可以从“专业、有价值”的角度去分析和挖掘适合直播的内容。

**①讨论粉丝感兴趣的事**

什么样的直播内容能吸引粉丝，激发他们的观看欲望呢？当然是能引起他们兴趣的内容，一般来说，绝大部分观众会对以下几种内容感兴趣：

（1）娱乐类内容

娱乐八卦、明星热点等内容很容易引起大众的兴趣，我们可以在直播时讨论近期的明星热点，或者发表自己的看法，以吸引粉丝的关注。但要注意的是，我们在讨论事件的时候应该尽量做到客观，不要带有偏见和个人主观情绪，否则很容易招致反感。

如果我们的抖音账号的内容定位是比较专业的，与娱乐无关的，那么就不宜过多地直播娱乐类内容，因为这与我们的账号定位不相符。

（2）新闻事件

当我们遇到一些关注度很高的新闻事件时，完全可以借势营销，在直播中讨论该事件，并发表自己的看法，不过，一定要注意把握尺度，也不要挑战大众的价值观。

（3）社会问题

很多社会问题都值得我们去思考和讨论，比如教育问题、医疗问题、婚姻问题等。但是聊这些问题需要一定的专业素质，如果想做这类直播，我们必须事先做一些功课。这类社会问题比较容易做植入，我们可以在直播中引入自己的产品。

**②从自己擅长的领域入手**

有时候，一味地追逐热点、制造噱头反而无法吸引粉丝，因为很多主播都采取了这种策略，我们很难从中脱颖而出。如果从自己擅长的领域入手，反而能够凸显自己的特色。

就拿曾经很火热的吃播来说吧，现在的粉丝已经不再满足于单纯地看主播吃饭了，主播必须吃出“花样”来。于是，有些主播选择了探店，有的主播选择了教观众做美食，还有些主播选择做试吃的“小白鼠”，专门尝试一些奇特的食物。同样是做吃播，为什么有些主播能做出自己的特色呢？这是因为他们都做了自己擅长的事情，形象好、表达能力强的人可以去做探店，幽默会搞笑的人可以做试吃，会做饭的可以直播教粉丝做菜。

我们在做直播的时候，也要从自己擅长的领域入手，在熟悉和擅长的领域中，我们可以挖掘出无数新鲜的素材，永远不用担心没有内容播，而且我们的表现也会更加专业。

**③做专业性强的直播**

专业性直播就是能让观看者获得有价值信息的直播，比如，观众通过看直播学会了一道菜的做法，了解了股市的最新行情，学会了一个软件的操作方法，或者通过主播的才艺表演获得了精神上的愉悦……总之，只有持续为粉丝提供有价值的内容，我们的直播在粉丝眼中才是专业的、值得关注的。

虽然，在抖音上人人都可以开通直播功能，成为一名主播，但是并不是人人都能通过直播吸粉并成为当红主播的。一个出色的主播必须有内容策划能力，特别是在做一些4到5个小时的长时间直播时，如果没有提前策划好内容，观众一定会感到无聊和疲惫。

那么，在抖音上做直播，应该怎样策划内容呢？

## ●怎样策划直播内容

我们在策划直播内容时，可以参考以下几点：

**①做观众想看的直播**

我们在做直播之前，一定要知道观众想看什么，在了解粉丝的意愿以后，我们要通过直播把粉丝想看的核心内容呈现出来。粉丝想看什么，我们就要重点呈现什么。

比如，抖音上的知名游戏女主播“Miss韩懿莹”除了做游戏直播以外，还经常播一些和宠物相关的内容。萌宠相关的内容是大多数粉丝都很喜欢的，也是抖音平台上的一大吸粉利器，所以，“Miss韩懿莹”虽然主攻游戏领域，但是她仍然利用萌宠直播为自己扩大关注度。

**②保证内容的真实性**

我们在策划内容时可以天马行空，发挥自己的创意，但是一定要保证真实性，换句话说就是要用真实的情感和真实的信息去打动粉丝。现在的网络很发达，无中生有或弄虚作假很容易被“扒皮”，如果因此而掉粉就得不偿失了。

真实的内容是最打动人的，比如，著名的旅行直播节目《侣行》就是靠着真实的场景、真实的冒险和主人公对旅行的热爱而收获了数百万粉丝。拍摄这个系列节目的张昕宇、梁红夫妇在其他的平台上也拥有大批粉丝，他们的执着和勇敢打动了很多人。这就是真实的力量，当我们带给粉丝真实的内容时，粉丝对我们的喜爱也是真诚的。

**③跳出套路，制造差异**

打开各大直播平台，我们可以见到很多相似的内容，到处都是千篇一律的美女直播、美食直播、游戏直播等。在直播内容越来越同质化的情况下，我们必须制造差异，才能突出重围、脱颖而出。

我们在策划直播内容时，一定要跳出套路，不要去跟风模仿，要播和别人不一样的内容，走属于自己的道路。比如，我们要直播唱歌和跳舞，可是唱歌跳舞已经有很多人做过了，这个时候我们就要在道具或背景上寻求突破了，用特殊的道具制造差异，就能让我们与其他的唱歌跳舞直播产生区别，粉丝也会因此记住我们。

总而言之，粉丝的品位正在不断提升，“无聊”直播已经不能吸粉，必须依靠有价值、有创意的内容才能获得关注，我们要用拍短视频的心来做直播，精心策划内容，做好每一个环节。

## 7.5 如何利用抖音推荐算法吸粉

我身边有很多朋友都在做抖音运营，在运营账号的过程中，他们都遇到过一个令人迷惑不解的现象：抖音用户小A随手发了一条抖音，一夜之间获得10万点赞，粉丝疯涨几千，可是小A平时对抖音账号的运营并不上心，只是把它作为记录生活的工具。这是为什么呢？难道小A买了水军吗？

当然不是，小A“一夜爆红”的幕后推手不是水军，而是抖音推荐算法。抖音推荐算法是一种去中心化的算法，去中心化就是不依赖中心，有节点选择中心，而每个人都可以成为节点，每个人也都可以成为中心，这种推荐算法让每个人都有了爆红的机会。

那么，抖音推荐算法到底是怎么运作的呢？

## ●什么是抖音推荐算法

当一个视频上传到抖音平台后，平台会给这个视频一部分初始流量，然后根据视频的点击量、评论量和转发量来判断这个视频是否受欢迎，如果在这一阶段被判定为受欢迎的视频，系统就会分配更多的流量，让视频进行范围更广的二次传播。

如果视频在初始流量分配阶段或后面的某个阶段表现不好，系统就不会再推荐了，此时能看到这个视频的人就会变得微乎其微。如果视频不能被别人看到，后面的路就很难走通了，最后，视频只能依靠身边的朋友贡献几个有限的点赞和评论了。

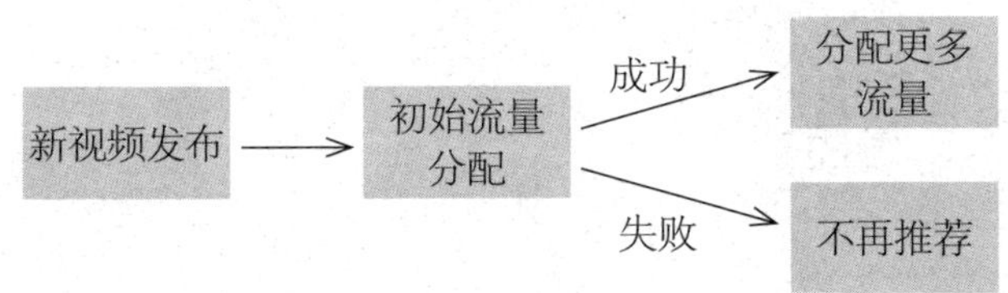


抖音推荐算法示意图

了解了抖音推荐算法的基本原理以后，我们再来看看抖音流量分配的规则。

如果把坐拥几亿用户的抖音看成一个巨大的流量池，那么每个新发布的视频都能从这个流量池中获得流量，而点赞量、转发量、评论量多的视频则有可能获得叠加流量。也就是说，表现越好的视频越能获得更多流量。

那么，初始流量是根据什么规则分配的呢？系统为新视频分配流量时，会以500米内人群和关注为主要依据，再结合用户标签和内容标签进行智能分发，如果新视频的完播率和互动率都比较高，才有机会获得持续叠加的流量。

抖音的推荐算法是相对公平的，它会为每个视频分配一个小流量池，即使是0粉丝的抖音账号发布的作品，系统也会自动分配几十到一百不等的流量，如果这条视频表现好，就有机会被推送给更多的人。

这就是抖音平台上很多视频“一夜爆红”的原因，不管是不是大号，只要你能做出优质内容，就有机会和大号竞争。

## ●如何利用抖音推荐算法吸粉

抖音推荐算法让每个人都有做出爆款视频的机会，只要能制作出爆款视频，我们就能大量吸粉。那么，我们应该怎样利用抖音推荐算法呢？

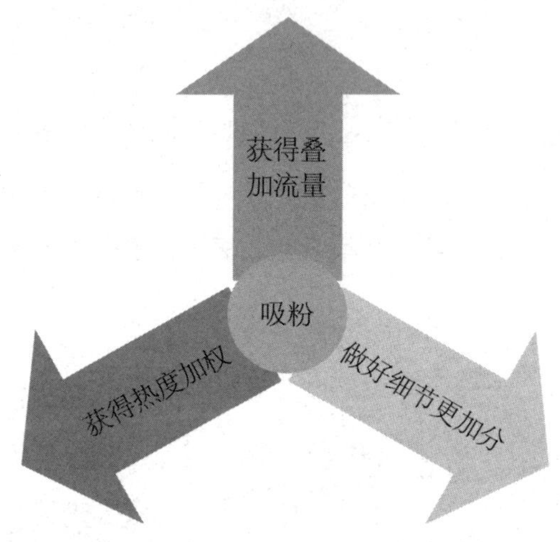


利用抖音推荐算法吸粉的策略

**①获得叠加流量**

前文中我提到过，优秀的视频能获得系统的叠加流量，比如，视频转发量达到50，系统判定该视频受欢迎，则叠加300个用户流量，视频的表现持续走高，转发量达到了500，系统则继续叠加推荐3000个用户流量，以此类推。

当然，叠加流量的关键评估指标不止转发量一个，还包括完播率、点赞率、评论量等，而且每个阶段的标准有所不同。当叠加流量达到一定的量级以后，系统就会运用大数据算法和人工运营相结合的模式进行推荐了。

要获得叠加流量，我们就要注意提高各方面的指标，比如，在评论区引导粉丝评论，提升评论率；在视频的开头引导粉丝看到最后，提升完播率；在视频的标题中引导粉丝点赞，以提升点赞率；保证内容质量，戳中粉丝痛点，提升转发率等。

**②获得热度加权**

热度加权是什么意思呢？一个视频火了，有了热度以后，就会进入抖音推荐板块，热度的不断叠加，让视频进入上百万的大流量池，这就是热度加权。热度加权的主要参考指标是转发量、评论量和点赞量，如果把这三个指标按重要程度排序，则依次为转发量>评论量>点赞量。

热度加权是有时间限制的，一般来说，爆款视频的热度可以维持一周左右，所以想要获得持续的热度加权，就要有稳定输出爆款视频的能力。

**③做好细节更加分**

有些细节问题也会影响到流量推荐，一定要引起注意。

（1）完善资料

抖音上的资料越完整越好，昵称、头像、简介、个人资料、背景图、实名认证、手机认证一个都别少。如果资料不全，系统会把账号判定为营销号或者劣质账号，对流量分配非常不利。

（2）不要被屏蔽

在短短15秒或1分钟的视频里，如果不能做到讨喜，那么至少别被屏蔽。一旦有用户屏蔽了我们，那么系统将不会再向该用户推荐我们的视频，如果屏蔽的人数多了，后果将十分严重。

（3）遵循3B原则

3B分别代表：beautiful（美人、美景）、beast（动物）、baby（婴儿），只要我们的视频中有了这三个元素中的一个，就会很容易吸引粉丝观看，因为这三个元素是大众比较喜欢也比较容易接受的。

（4）遵守平台规则

抖音平台的规则越来越完善，审核也越来越严格，我们一定要遵守规则，千万不要去刷粉。而且，刷出来的假粉既不能互动，为我们带来活跃度，也不能转化变现，所以刷粉这种行为是没有意义的。我们一定要用正确的方法去吸粉。

抖音平台对每个人都是公平的，它的推荐算法让每个人都有爆红的机会，我们应该充分利用它去吸粉。不过，抖音推荐算法只是给我们指明了方向，最终我们还是要靠内容和运营才能做好抖音。

## 7.6 通过挑战赛吸引，迅速上热门

在抖音上，还有一个快速吸粉的渠道——挑战赛，在一场热门的挑战赛中会出现许多爆款视频，所以积极参与抖音挑战赛，或者发起抖音挑战赛，都是很好的涨粉方法。

抖音挑战赛的核心就是模仿，挑战发起者拍摄一个视频后，发起话题挑战，其他人通过模仿的形式参与挑战，如果能在模仿原视频的基础上发挥自己的创意，就很容易引起关注。下面我们来看看怎样参与抖音挑战赛。

### ●参与抖音挑战赛的方法

参与抖音挑战赛的方法很简单，我们按下面的步骤操作就可以了。

第一步：点击搜索，进入搜索页面。

搜索页面

第二步：搜索关键词“挑战赛”，或者你想参加的挑战赛关键词，选择“话题”栏，页面中会出现相关搜索结果。

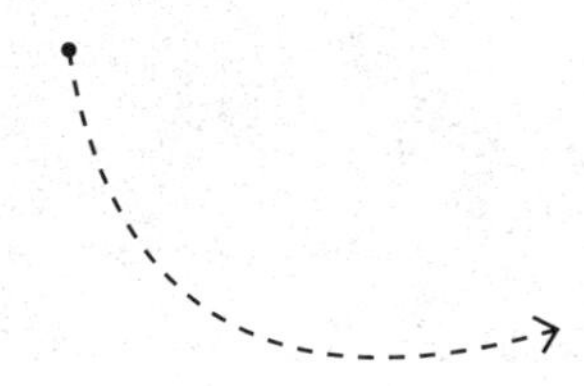

“挑战赛”搜索结果

第三步：选择自己想参加的挑战赛，点击“参与”后就可以开始拍摄挑战视频了。

我们在选择参与挑战赛时，最好选那些人气高、参与人数多的，这样的挑战赛才能为我们带来流量。此外，我们参与的挑战赛应该是自己擅长的，并且与我们的抖音账号定位相似的。

参与某个挑战赛的人，必然是对这个挑战赛相关内容非常感兴趣的，如果他们进入我们的主页后发现内容很对胃口，就会选择关注。如果我们参与的挑战赛是与账号定位不相干的，吸粉效果就会大打折扣，而且还会打乱我们的内容定位。

看到这里有的人可能会问：“我能不能自己发起挑战赛呢？”当然可以，不过发起挑战赛需要一定的粉丝基础，否则挑战赛就成了独角戏。不过，我们可以先了解一下发起挑战赛的方法。

## ●发起抖音挑战赛的方法

发起挑战赛的方法非常简单，发布视频时带上“挑战”这个话题就行了，具体的操作步骤如下：

第一步：拍好挑战视频后，选择“下一步”，进入发布页面。

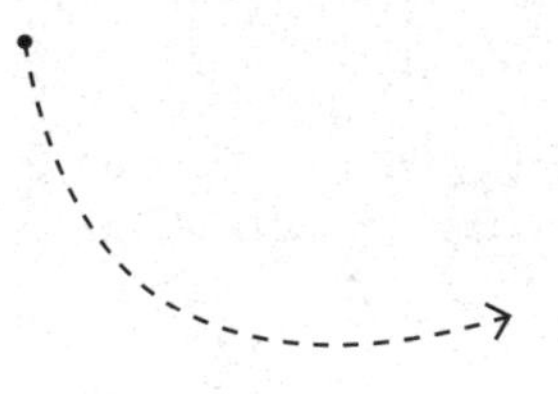

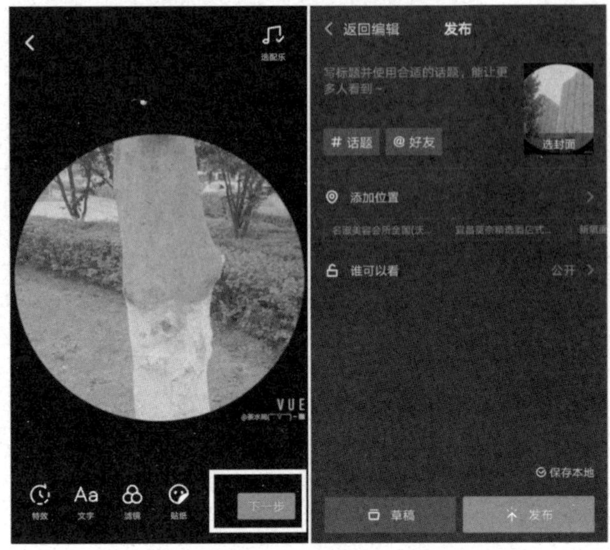


抖音视频发布页面

发布抖音挑战赛

第二步：点击“话题”图标，为视频添加“挑战”话题，并点击“发布”即可。

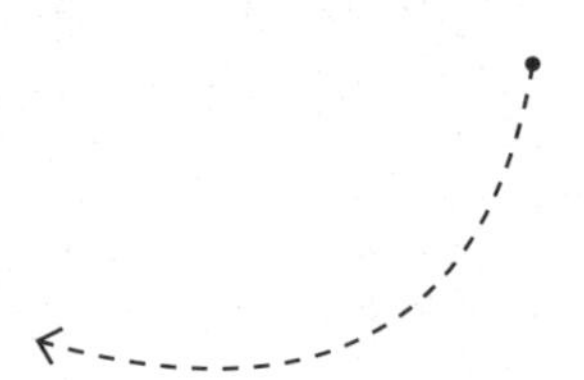

以上就是发起抖音挑战赛的方法，我们可以在积累了一定粉丝时发起挑战赛，还可以设置一定的奖励，提升粉丝参与的积极性。我们还可以利用挑战赛来推广自己的产品，把产品植入视频，让参与挑战赛的人都能看到。

总之，抖音挑战赛是一个吸粉利器，能最大限度地帮我们扩大曝光度，我们应该好好地利用它。

# 引流篇

## 如何精准引流，引爆流量卖断货

做抖商还要学会引流。比如，利用热点引流，把别人的流量引到自己这里，把大号的流量引到小号，从评论、热搜和私信引流，利用粉丝社群引流等。总之，引流的方法有很多，就看你自己能不能灵活运用。我们引流的目的是为了卖货，所以我们在引流时必须针对自己的目标粉丝群体，只有这样才能保证后期的销售转化。

## 8.1 蹭他人热度，增自己的影响力

“疯狂转发”“点赞破百万”“粉丝过千万”是每个做抖音运营的人最希望看到的结果，要达到这个目标必须会营销，要懂得“蹭”别人的热度，扩大自己的影响。蹭热点的引流效果究竟有多好呢？下面，我们一起来看一个案例。

**案例 巧蹭“世界杯”热点，获得70万点赞**

2018年世界杯期间，各大平台上的世界杯相关话题都相当火爆，抖音上热度最大的话题也是世界杯，有的人仅仅发布了一个看球视频就获得了几十万点赞，还有人发布预测比赛结果视频，也吸引了一大批粉丝。当时，大批抖音主播都紧跟世界杯热点，抓紧机会引流吸粉。

一位做二手车销售的抖音主播发了一条关于二手车的视频，并配上了文字“感谢世界杯”，这个简简单单的视频借着世界杯的热度，收获了70万点赞。这位主播之前发布的视频点赞量都很一般，这个70万点赞的视频是他所有抖音视频中热度最高的。

由于会蹭热度，这位抖音主播不仅拍出了高赞视频，而且收获了一万多名粉丝，他的二手车生意也渐渐受到了粉丝们的关注。

从这个案例中我们可以看出，想红就要学会“蹭”热度，让外部的热度，为

我们自己的视频加料。那么，我们应该如何做呢？

## ●“蹭”热度的正确方法

“蹭”热点要讲究方法，否则就会让内容杂乱无章，引流的效果也不会很理想。我们可以从以下几个角度出发：

**①分析热点**

一个热点出来之后，我们要学会分析它，从中找出自己可以“蹭”的点。下面，我以2018年世界杯为例，为大家分析一个热点可以从哪些角度“蹭”。

2018年俄罗斯世界杯是一场体育盛宴，从表面上看，这个事件是个大热点，每个角度都可以“蹭”，但事实并不是这样，其中的负面因素、政治因素都不能“蹭”，有些过时的角度也不适合“蹭”。我们可以从赛事历史、球队球员、裁判规则、逸闻趣事这四个方面去“蹭”，世界杯作为一个拥有丰富历史底蕴的盛大赛事，一定有很多可以挖掘的内容。

**②学会借势**

我们在发布视频时要学会借势，比如像案例中的那位主播一样，在视频中加上“世界杯”的信息。我们可以在视频的标题里加上与热点相关的信息，还可以带上热点话题，让热点帮我们引流。

上面讲的是正面借势，我们还可以进行反面借势。我们可以巧妙地借助一些比较负面的热点来衬托自己，突出自己的优点和长处，并引导粉丝对不好的现象进行“吐槽”。但是，反面借势要把握“度”，如果操作不当，很容易带来反作用。

## ●“蹭”热度的注意事项

我们“蹭”热点时，有以下几个注意事项：

**①要快速出击**

“蹭”热点重在一个“快”字，因为热点事件的热度不会持续很长时间，而且“蹭”的人多了，流量就会被分散，引流效果肯定不会很好。所以，我们一旦抓住一个热点就要快速出击，只有这样才能占据主动。

②要会互动

热点事件出来以后，人们一定会对此发表自己的看法，我们在发布视频时，要积极引导粉丝互动。我们可以在评论区参与讨论，也可以在视频中留下问题，引导粉丝发表观点。

③要有创意

我们“蹭”热点也要“蹭”得有创意，如果只是简单地加上热点信息，还不足以吸引粉丝的关注，我们既要借助热点，又要发挥自己的创意。

比如，“上海新东方烹饪学校”发布的一个视频——南瓜雕刻视频，就是一个很好的例子，这个视频不仅“蹭”了世界杯这个热点，而且还发挥了创意。视频内容是用南瓜雕刻大力神杯，文案是“又一届世界杯，给咱国足雕了一个大力神杯”。这个幽默的文案让球迷们哈哈大笑，而且还在评论区引发了一拨对国足的“吐槽”。

④只“蹭”和自己有关的热点

有些热点非常火，可是和我们没有一点儿关系，对于这样的热点，除非我们能找到很好的角度去切入，否则最好别去“蹭”。因为“硬蹭”热点会让我们的植入变得很生硬，不仅无法引流推广，还会造成“赶客”的结果。

⑤多一点儿正能量

无论是做抖商，还是做网红，多一些正能量，才更容易获得认可。在抖音平台上，每一个视频作品都代表了企业、品牌或店铺的形象。所以，我们必须让视频多一些正能量内容，给抖音账号树立一个比较正面的形象，这样粉丝才会认可我们的产品和品牌。

另外，我们在“蹭”热点的时候应该选取比较有深度的角度，让店铺、品牌、产品和企业的形象更有文化价值和传播价值。

## 8.2 大号推小号，引起关注

用大号推小号引流，是之前在朋友圈、微博里常用的方法。具体如何操作呢？下面我们以“小金刚”为例，看一下这个坐拥706.4万粉丝的大号是如何运作的。

**案例 “小金刚”用大号带小号，收获700万粉丝**

在抖音主页里搜索“小金刚”，进入其主页后，我们可以看到他发布的内容都是与家庭生活息息相关的，由此可见，他的内容定位是“家庭生活”。翻看他的内容列表，几乎每一个视频的点赞量都在5万以上。

最重要的是，我们随意打开“小金刚”的一个抖音，会发现他发布每一条抖音都@了小号，比如@可爱的金刚嫂、@金刚爸、@金刚妈、@万万学姐（老婆的闺蜜）。

根据“小金刚”@的小号，我们在抖音里可以搜索到“可爱的金刚嫂”“金刚爸”“金刚妈”“万万学姐”的抖音号，而且每一个小号的粉丝都不少。其中“可爱的金刚嫂”的粉丝173.3万，“金刚爸”的粉丝150.3万，“万万学姐”的粉丝50.5万，“金刚妈”的粉丝7.7万。

当我们点开“小金刚”@的这四个小号的任意一个抖音，会发现其内容与“小金刚”如出一辙，定位仍然是“家庭生活”。很显然，“小金刚”作为大号，利用其700多万粉丝来推广自己的小号，达到引流的目的。通过其小号的粉丝量——7.7万~173.3万，我们可以判断他把这一招引流方法用得非常成功，效果显著。

一秒钟就可以学会的方法，不仅为各个小号增加了粉丝，而且为大号“小金刚”形成了一个系统的连锁抖音号。久而久之，“小金刚”会越做越大。如今，“小金刚”已经开启了“商品橱窗”，开始进行粉丝变现。

通过“小金刚”的案例，我们可以看出大号推小号的引流方法是十分有效的，不仅可以为小号引流、吸粉，还可以组建自己的抖音号矩阵，扩大影响力，是值得抖商创业者借鉴学习的。

成功的道路千万条，方法不一样，产生的结果也就不一样。用大号推小号看似简单易操作，但为了达到引流、吸粉，从而最终实现变现的目的，抖商创业者在使用这一方法时，还需要注意以下两个小技巧。

## ●选择的小号要与大号有关联

用大号推小号，做法确实简单，但并非所有的小号都可以拿来做推广。在实践中，我经常能看见不少抖商创业者也会使用“小金刚”的这一招来推小号，结果不但没有粉丝关注小号，反而大号也掉粉严重。这是为什么呢?

究其原因，其实就是大号在推小号时没有选择与大号有关联的小号。

什么叫与大号有关联呢?

就拿上面的“小金刚”的案例来说，大号的内容定位是“家庭生活”，内容场景里的人物会有“金刚嫂”“金刚爸”“金刚妈”“万万学姐”，这几个人是“小金刚”抖音内容里出现的主要人物，这就是关联性。

粉丝如果对“小金刚”的抖音视频感兴趣，也会对视频里的“金刚嫂”或是“金刚爸”感兴趣，这样就形成了环环相扣的关系。

直白地说，你大号的内容是推广时尚讯息的，那么你推的小号也一定是与时尚有关的，比如衣服搭配等。比如“Excel之光”是一个讲述办公软件Excel的抖音号，拥有546.2万粉丝，他所推的小号“@PS之光”“@PPT之光”“@Word之光”都是与其大号“Excel之光”有关联的，都是常用办公软件。

## ●用大号推小号的实操方法

在用大号推小号时，除了上面案例“小金刚”所用的方法——在抖音视频里@小号之外，还有哪些方法可以为抖商创业者所用呢?

**①在大号的抖音主页的“介绍栏”里写上小号**

**②大号关注中设置小号**

比如，大号“不齐舞团”有871.5万粉丝，在其关注的10个抖音号中，有她的五个小号。

**③大号给小号点赞，让小号出现在大号的“喜欢”里**

比如，大号“彭十六的日常”有430.8万粉丝，在她的“喜欢”中有她的小号“彭十六的小棉袄”的视频。

**④大号与小号之间互相评论**

比如大号“忠哥”粉丝1359.7万，其小号“忠嫂”粉丝77.1万，“黑脸V”粉丝2474万，三个账号经常在评论区互相评论。

以上就是大号推小号的具体操作方法，通过大号小号互推，我们还可以建立起自己的抖音账号矩阵，让引流推广事半功倍。

## 8.3 通过抖音评论引流

除了上一节中讲到的大号向小号引流以外，我们还可以在视频的评论区做文章，利用评论引流。我们可以注册几个小号，然后在与自己定位相同的大号的评论区里进行评论和引流，当然引流的话术也是有讲究的，太生硬太明显的引流评论会被主播删除或举报。那么，我们应该怎样在评论中自然地引流呢？先来看看下面的案例吧！

**案例 评论区中回答问题，小号巧妙引流**

抖音中有一个叫作“美动态服饰”的账号，专门发一些大码女装视频，视频中的女主角虽然都是微胖体型，但都既时尚又有活力，很多人都爱看这个账号发布的视频。而且，很多人会在评论区留言“同款在哪里买”。

在这类留言下，往往会有小号回复：“我主页有同款。”粉丝只要点击这个小号的头像进入主页后，就可以找到相关视频和商品。这些小号利用评论区成功实现了引流。虽然这样的留言可能会被删除，但是还是能够起到一定的引流作用的。

上面的案例中，我特别强调了引流话术的重要性，那我们应该用什么样的话术，才能起到引流的作用，并且不招致反感呢？

### ●评论区引流的话术技巧

在同类型大号的评论区引流看似很简单，但很多人却不得要领，留言无数，但都石沉大海。这是因为他们不懂评论引流的话术技巧，不会用话术“勾引”粉丝。在写评论引流话术之前，我们应该先明确以下三点：

第一，确定自己的引流对象（目标粉丝）是谁；

第二，引流对象（目标粉丝）群体有什么特征；

第三，要用什么噱头引流，才能引起他们的共鸣。

很多抖音用户都非常反感广告，甚至看到广告就会拉黑，所以，我们在评论区进行引流时话术要“软”一些，不要太生硬。

请大家看看下面的两句引流话术，哪一句更好呢？

“点击看我抖音主页，有同款蓝牙键盘。”

“朋友给我推荐了一款蓝牙键盘，非常好用，想看的朋友可以点我主页看视频哦。”

很明显，粉丝会对第二句更买账，因为第一句太生硬了，这种命令式的语气很容易引起反感。

从大号的评论区引流只是一个开始，后期我们还要有“固粉”的措施，否则粉丝照样会流失。

# 8.4 利用抖音私信和热搜引流

在抖音上还有两种非常好的引流方法，那就是私信和热搜。私信引流是利用抖音的私信功能精细化地、一对一地引流吸粉，这种方法的效率比较低，但是精准度很高。

热搜引流则是另一种“蹭”热度的方法，利用抖音热搜词提升自己视频的曝光度，获得更多的播放量和关注，这种方法不仅操作简单而且见效快。下面，我们就来看看这两种引流方法是怎样操作的。

## ●私信引流的方法

首先，我们要找到定位相似的抖音账号，并选出其中粉丝比较多的几个，再找到相关的视频，浏览评论区，选出需求比较强烈的评论给对方发私信。

以减肥瘦身类视频为例，我在抖音搜索“减肥”关键词后，选择了点赞数量比较多的一个视频，然后在评论区选取了几个减肥意向比较强的评论，再给对方发送私信。如果对方回复了，我们就可以用话术引导对方关注我们或者购买产品了。

## ●热搜引流的方法

你关注过抖音热搜榜和热搜榜上的热搜词吗？学会“蹭”热词已经成为抖音运营者的必备技能，热搜词能帮你打开新世界。

抖音热搜榜上有这么多热搜词，我们应该怎

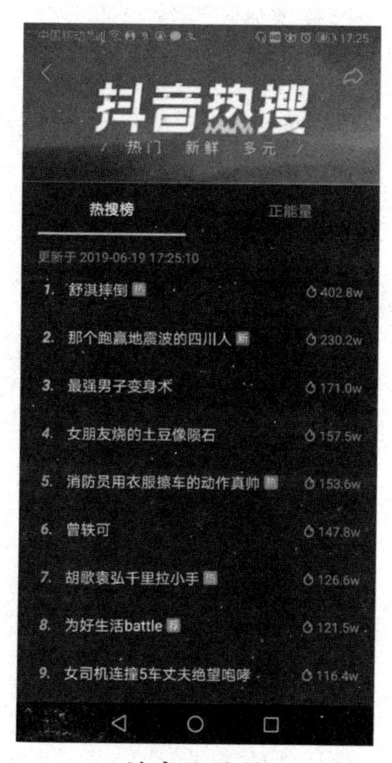

抖音热搜榜

样利用它们来增加自己的曝光度呢？我总结了以下四种方法：

**①在文案中加入热门词**

我们搜索热门词时，会出现与之相关的视频，如果我们在自己的视频文案中加上这些词，那么我们的视频也会出现在搜索结果中，也就能让更多的人看到。

**②带上热搜词话题**

我们在发布视频时，把热搜词作为话题带上，也能增加视频的曝光度。有时候，即使我们的视频内容与热搜词无关，视频文案中也没有热搜词，只要带上热搜词话题，也会显示在搜索结果中被更多人看到。

**③选择与热搜词关联度高的音乐**

热搜词相关的音乐也能帮我们扩大曝光度，我们可以为自己的视频配上与热搜词同名的歌曲，或者与热搜词相关视频中的同款音乐。

**④账号名与热搜词重叠**

如果运气好的话，我们的账号名与热搜词重叠或相近，那么我们的账号就能获得较大的曝光概率。不过这种情况是比较难得的，如果恰好碰到了这种情况，就要趁着好运积极引流吸粉。

以上两种引流方式你学会了吗？古诗有云：“纸上得来终觉浅，绝知此事要躬行。”说一千道一万都不如亲自实操一次，赶快拿起手机试一试吧。

## 8.5 利用粉丝社群引流

建立粉丝社群也是一个非常好的引流方法，这种引流方式不仅能提升粉丝数量，还能增强粉丝黏性。所谓的粉丝社群，就是由相同消费偏好或相同兴趣的粉丝聚集在一起形成的社群。由于这类社群成员一般都有共同爱好，所以黏性很高，群成员的特征和消费偏好也比较接近。只要加对了群，整个群里的成员都是我们的目标粉丝。

有很多做美妆和服饰内容的抖音号运营者都会在微信、QQ、微博或豆瓣等平台广泛地加入社群，并在社群中宣传自己的抖音账号。

**案例 抖音主播利用粉丝社群从多个平台引流**

一位做美妆视频的抖音主播在微博平台加入了一个美妆分享群，这个群人数虽然不多，但是定位与她的抖音账号十分吻合，而且活跃度也很高，很快这位抖音主播就从这个微博群中收获了一批粉丝。

这位主播还建立了一个微信群，专门做抖音互粉和好物推荐，因为她的用心经营，微信群不断扩大，引流到抖音账号的粉丝也越来越多。她也没有忽略QQ群和豆瓣小组的运营，从多个平台引流。

从上面的例子中，我们可以看到粉丝社群的威力，下面我们来看看如何利用粉丝社群引流。

### ●定位粉丝社群

想要利用粉丝社群引流，首先要做的就是定位，通过定位我们才能找到并加入适合自己的群。假如我们想做一个与英语教育相关的抖音账号，那么我们的目标粉丝就是有学习英语需求的学生和年轻白领，以这些人为主体的社群就是我们的目标。

定位了目标社群以后，我们就可以在一些年轻白领和学生喜欢的网络平台上加群了，比如百度贴吧、豆瓣、知乎、QQ、微博、微信等。加入社群后，我们还要分析目标粉丝需要什么、关注什么，并有针对性地进行推广。

### ●精确瞄准目标粉丝的兴趣点

找到了目标粉丝社群，接下来我们要精确瞄准他们的兴趣点。怎样找到兴趣点呢？除了通过数据进行分析以外，我们还可以通过社群中的互动找到目标粉丝的兴趣点。我们要经常在社群中和目标粉丝互动，在与粉丝交流的过程中，我们能够验证兴趣点是否正确。

### ●围绕兴趣点，撰写推广话术

找到了兴趣点以后，我们就要开始撰写推广文案和推广话术了。在不同平台的社群中，我们要运用不同的话术和文案来引导粉丝关注我们的抖音账号。我们可以在不同的社群中进行推广实验，看看哪个平台上的引流效果好，就进一步扩大该平台的粉丝社群。

利用粉丝社群引流是一个好方法，但是这种方法会带来一个风险，那就是“僵尸粉”过多，“僵尸粉”不仅会影响我们的转化率，还会拉低账号的活跃度，甚至有可能被平台判定为刷粉。

因此，我们在加群时一定要注意甄别，不要加入那些所谓的刷粉、互粉群，我们做引流推广的最终目的是通过抖音卖货，而不是追求粉丝的数量，如果粉丝不能转化，数量再多也没有意义。而且买粉和刷粉的行为是抖音平台不允许的，一旦被平台发现，就有被封号的危险。

# 变现篇

## 多种多样的变现模式，选择对了你就赚钱了

短视频运营最重要的一个环节就是变现，变现的模式多种多样，我们可以开商品橱窗直接卖货，还可以通过直播变现，还可以做广告赚取广告费，还可以把自己打造成网红，利用个人超级 IP 变现。线下实体店铺和企业“蓝 V”号也有自己的变现方式，它们可以利用抖音的 POI 定位功能和其他营销工具，引导线上粉丝到店消费。当然，我们只有选择适合自己的变现模式才能赚钱。

## 9.1 开橱窗变现——赚钱很直接

当抖音账号的粉丝达到一定数量时，我们就要开始考虑变现的问题了，目前抖音的变现渠道越来越多，但最直接也最简单的变现方式就是开通商品橱窗。在第二章中，我们已经讲过开通商品橱窗的方法，本节我们主要介绍如何在商品橱窗中添加商品链接以及怎样利用商品橱窗赚钱。

### ●怎样在商品橱窗中添加商品链接

抖音的商品橱窗功能可以直接对接淘宝等电商平台，开通这个功能后，我们就可以拥有自己的商品橱窗。有了商品橱窗，我们就可以在视频中添加商品进行售卖了。那么，要怎样在商品橱窗中添加链接呢？具体方法如下：

点击个人主页中的商品橱窗，再找到电商工具箱，然后点击“添加商品”，进入“添加商品”页面后，我们可以根据商品的来源选择添加。

目前，抖音上可添加的商品链接有两种，一种是淘宝商品，还有一种是精选商品，精选商品是抖音自带的电商平台“好物购”里的商品。在这里，我主要介绍添加淘宝商品的步骤。

第一步：点击进入商品橱窗，再点击右上角的“电商工具箱”。

第二步：绑定淘宝账号，绑定的淘宝账号是可以修改的。

淘宝账号绑定

账号绑定

已绑定：PID
mm_376690122_424800206_108393650171

修改

收入查看和提现

1. 下载淘宝联盟APP，使用绑定的淘宝账号登录查看并提现。
2. 打开淘宝联盟网站，使用绑定的淘宝账号登录查看并提现

绑定淘宝账号

第三步：为淘宝账号开通淘宝客推广功能，登录“淘宝联盟”后台，将想在抖音商品橱窗上架的商品添加到淘宝客推广，添加后24小时才会生效。

第四步：通过复制淘口令的方式，把商品添加到商品橱窗。不管是添加淘宝联盟推广的商品还是添加自己淘宝店里的商品，都要通过淘口令添加。

## ●怎样利用商品橱窗赚钱

开通商品橱窗并添加商品链接以后，我们就可以通过商品橱窗赚钱了。利用商品橱窗赚钱的方式有两种，一种是卖自己淘宝店里的商品，还有一种是做淘宝客赚取佣金。卖自己的淘宝店的商品很简单，只需要拍好视频，上传商品链接就可以了。而做淘宝客赚佣金就是在帮助淘宝和天猫商家做推广，购买推广商品的人越多，我们获得的佣金也就越多。大家以前可能接触过“淘宝优惠信息微信群”“淘宝折扣群”或者微博上的“淘宝优惠券”等信息，这些都是不同形式的淘宝商品推广。

现在，抖音也已经成了淘宝客活跃的新平台。不过，目前在抖音做淘宝客的人有很多，但是真正做得好的却是凤毛麟角。比如，下面案例中的“那些年欠的电影票”。

**案例 “那些年欠的电影票”推广电影周边产品，个性化商品受欢迎**

抖音账号“那些年欠的电影票”主要发布与电影相关的视频，它推广的商品也主要是电影周边产品，比如电影主题T恤、明星同款服装等。“那些年欠的电影票”把优质的视频和个性化的商品结合起来，不仅得到了较高的关注度，销售转化率也很不错。

从上面的案例中，我们可以总结出三点经验：

**①视频内容要和商品相关**

我们的视频内容和商品必须紧密结合，如果我们推广的商品与视频内容完全无关，比如在美食视频中推广小家电产品，粉丝不仅不会买账，而且还会产生反感情绪。因此，我们推广的商品一定要与视频内容有关联。上面案例中的“那些年欠的电影票”所卖的东西与视频内容的相关性非常高。

**②视频内容要高大上**

很多人推广的商品很好，却始终卖不出去，问题就出在视频内容上。在前面的章节中，我再三强调过内容的重要性，我们要明白，抖音始终是一个内容平台，没有好内容是很难带货的。

**③商品图片要做好**

商品橱窗就是一个微型的店铺，当粉丝进入我们的商品橱窗时，第一眼看到的就是商品的主图，如果商品橱窗内的商品主图能做到清晰、美观、风格统一，那么粉丝的购买欲望会进一步提升。如果整个商品橱窗内的图片杂乱无章，无疑会影响商品的销售。

在抖音做淘宝客是一个新商机，也是最直接的变现模式，如果你没有自己的货源，可以尝试利用这种方法来赚钱。

## 9.2 开直播变现——粉丝送礼又卖货

前面我们已经介绍过开通直播的方法，开通直播后，我们不仅可以利用直播吸粉，还可以通过直播卖货。

抖音卖货的方式有两种，一种是拍推荐商品的短视频，激起粉丝的购买欲望，第二种是直播卖货，可以全方位地直接展示产品。相比拍推荐商品的视频，直播卖货有以下三个优势：

第一，可以直观展示产品的细节，更加真实可信；

第二，看直播时，粉丝的购买冲动会比较强烈，做购物决策的时间也比较短，销售转化率会更高；

第三，直播气氛热烈，活动丰富，粉丝购物热情更高。

既然直播卖货有这么多好处，那么我们应该怎样做好一次直播呢？在直播卖货的过程中应该注意哪些问题呢？下面我将为大家一一解答。

### ●做好直播前的准备

俗话说“不打无准备之仗”，在开直播卖货以前，我们应该做好以下几项准备工作：

**①检查直播商品**

在直播卖货之前，我们要提前准备好直播展示的商品，检查商品是否存在质量问题，熟悉商品的使用方法和特性，检查参与直播的商品款式是否侵权。

**②提前与推广厂商做好沟通**

如果我们是帮厂商推广产品，就要提前与厂商或买家做好沟通和对接。直播之前我们要确认商品的各项参数，如颜色、规格等，还要确认厂商提供的文案是否正确，以及参与销售的商品款式是否与直播商品吻合。

另外，我们还要看看商品本身的口碑，如果商品口碑太差，有可能会影响我们自身的信誉。还要和厂商的客服沟通好，确保粉丝有问题时，客服能在线解答。对于直播中是否需要设计送优惠券、抽奖、发红包等环节，也要和厂商一一确认，并定好活动计划。

**③准备商品使用心得**

在直播之前，我们应该先试用产品，学习与产品相关的知识和注意事项。我们还要把商品的使用心得列举出来，以便直播时进行分享。做好充分的准备能让我们在介绍产品时讲解得更加详细。在准备商品使用心得的过程中，我们还可以想一些有创意的产品展示方法，让直播更有趣味性。

**④做好直播预热**

我们在直播之前要先做好预热，告知粉丝直播的时间、内容，以及观看直播的福利等。这些信息可以在视频评论区发布，也可以以私信的方式发送给粉丝，还可以在其他社交平台做宣传。总之，我们要让尽可能多的粉丝收到直播信息。

做好准备以后，我们就可以正式开始直播了。千万不要小看准备工作，凡事“预则立，不预则废”，事先准备好，我们直播时才不会手忙脚乱。

## ●直播中的注意事项

直播卖货也是要讲究方法的，我们在直播过程中除了介绍产品和与粉丝互动以外，还要做到以下几点：

**①做好口播引导**

我们在介绍产品时，一定要做好口播引导，告诉粉丝要卖的产品是什么，介绍产品的各项参数和信息，并点击直播间内的购物车，展示相关产品。在直播过程中我们也可以直接添加商品链接，为粉丝展示详细的产品信息。实物与图片结合的方式能让粉丝对产品了解得更加详细。

**②掌握好直播时长**

以卖货为目的的直播时长一般在2小时左右，我们可以根据自身的情况适当延长或缩短时间。直播的前半个小时是预热阶段，在这段时间里，我们要引导粉丝把直播间分享给自己的好友。

直播期间我们要积极和粉丝互动，并及时解答粉丝的问题，每分享一个产品都要进行互动，并及时引导粉丝下单。

**③展示全面，介绍准确**

我们在展示和介绍商品时，要做到全面和准确。比如，展示一款服装时，不仅要展示图片，还要展示这件衣服前面、后面和侧面的试穿效果。还要向粉丝详细介绍服装的款式、面料、设计细节、颜色和尺寸等信息。

**④分享要真实**

我们在介绍产品时还要和粉丝分享使用心得，我们的分享必须是真实可信的，不能过分夸大产品的功效。除此以外，我们也可以推荐一些搭配销售的产品，以促进销售额的提升。比如，我们在推荐一款护肤品时，要告诉粉丝使用方法和注意事项，以及自己的使用感受，还可以推荐与这款产品搭配使用的其他产品。

**⑤穿插活动**

直播期间我们还可以根据需要穿插限时优惠、秒杀、抽奖等活动，我们要积极给粉丝送福利、发红包，炒热直播间气氛。当然，直播间内安排的促销活动要和厂商做好对接，以确保商品有足够的库存。

关于直播卖货的要点就介绍到这里了，希望能对大家有所帮助。

## 9.3 广告变现——为品牌定制内容

2018年7月20日，抖音上线了自己的广告平台——星图平台，这个平台以大数据为驱动，可以系统化、平台化地管理抖音网红和优质内容，并通过多种创新的互动方式，实现与各大品牌的共创和共享。星图平台类似于一个中间商，服务于广告主和抖音红人，广告主可以在星图平台上发布需求，而抖音红人则可以在这个平台上接单，星图平台会从中收取一定费用。

过去，只要抖音红人有了一定数量的粉丝，广告主就会自动找上门来，而现在则要通过星图平台与抖音红人接洽，这种变化有利也有弊。有利的地方有三点：一是不用担心接不到广告，星图平台上有大量资源；二是可以省去亲自谈价格、签合同、反复修改脚本的麻烦，平台已经对价格做出了规定；三是避免了被屏蔽和被封号的风险。

星图平台对抖音红人不利的地方也很明显，那就是接广告必须通过抖音官方，平台抽取的佣金会让主播的收入减少。

不过，任何事物都有两面性，既然有了星图平台，我们就要充分利用它，把广告变现做好。那么，最好的广告变现方式是什么呢？答案：为品牌定制内容。

### ●寻找视频内容与广告的最佳结合点

现代的消费者市场已经呈现出越来越细分的趋势，而现代广告的主要目的则是把产品信息精确传递给目标用户，并针对他们开展营销。因此，我们在做广告植入之前，首先要了解自己的主要粉丝群体和广告的目标受众是否契合。一般来说，抖音账号的主要粉丝群体和广告的目标受众契合度越高，植入广告的效果就越好。

我们在植入广告时，要保证品牌调性或产品内涵和视频内容相符，如果两者能达到和谐统一，那么广告植入的效果就是一加一大于二的，否则双方都会受损失。总之，好的植入广告要与视频的场景搭配，还要自然地融入剧情。

我们可以学习和借鉴各种影视剧中的广告植入手法，在场景、剧情、人物对话、道具中植入广告，要做到与视频内容高度契合，丝毫不会引起粉丝的反感。

### ●幽默植入，把广告变成笑点

作为抖音账号的运营者，我们要明白，即使粉丝非常喜欢我们，他们对广告也是有天然的排斥感的，如果我们发的广告视频过多，就很容易破坏粉丝的好感。可是，我们又要靠接广告变现，两者之间究竟应该如何平衡呢？

其实，只要掌握方法，我们拍出的广告视频不仅不会让粉丝反感，还能吸粉。这个方法就是让广告成为引人发笑的笑点，让广告为粉丝带来欢乐。抖音平台上的“老王欧巴”就很擅长用这种方法做广告植入。

**案例 “老王欧巴”幽默呈现，广告也能吸粉**

“老王欧巴”在植入广告时就喜欢用幽默的方式来呈现，让粉丝在哈哈一笑中接受自己的广告信息。比如，他在为“芝麻信用”拍摄广告视频时，就用了父子搞笑舞蹈的形式来呈现，不仅不会让粉丝反感，还能获得粉丝的好感。

### ●为品牌定制内容

上面提到的植入方法都是让广告尽量融入剧情和场景，不要显得突兀，下面，我要介绍另一种思路，那就是为品牌定制内容。我们干脆把广告从日常的视频作品中抽离出来，直接将其单独放在一个视频中，弱化广告对账号自身内容的伤害。

做广告就是“戴着脚镣舞蹈”，既要保证植入效果，又要保证视频质量，还要照顾粉丝情绪，这样做的结果就是哪方面都没有照顾到，品牌宣传也只能流于表面，远远达不到广告主的要求。如果我们能为品牌商专门定制内容，这个问题就迎刃而解了。

广告变现是一种最普遍的抖音变现方式，做广告变现的前提是有一定的粉丝量和影响力，所以，想做好广告变现，就必须做好前期运营。

## 9.4 抖音+实体店变现——利用定位功能为实体店增加线下客户

随着互联网流量红利的消退，线下实体店铺通过线上渠道获取客户的成本越来越高，发展新客户也变得越来越困难。如今， 如何通过互联网平台低成本获取客户，是很多实体商家亟待解决的问题。

而抖音2018年10月推出的POI功能，正好解决了商家的难题。POI功能可以理解为定位功能，在地理信息系统中，一个POI点可以是一栋房子、一个店铺或是一个车站。有了POI功能，我们就可以在抖音短视频中分享线下实体店的地理位置，并显示POI信息页面，让粉丝直观地了解实体店铺的信息，POI定位的具体功能如下表所示：

**POI功能一览**

| POI的功能 | 具体内容 |
| --- | --- |
| 位置认领 | 支持单点、多点认领，认领后实体店铺可获得唯一POI定位 |
| 信息展示 | 店铺地址、营业时间、联系电话、店铺图片 |
| 店铺活动运营 | 提供预约、排队、核销等功能，支持线上发卡券，线下扫码拍视频返券 |
| 数据后台 | 收集后台数据 |
| 视频合集 | 统一在同个POI点拍摄的所有视频，可以进行合集制作 |

POI功能可以让企业获得唯一专享定位，这个定位可以在抖音视频中呈现，点击定位图标后，我们就能看到店铺的POI页面，和在这个地址拍摄的所有视频，商家还可以通过POI页面向粉丝发放优惠券，推荐店铺活动。不过，只有认证成为“蓝V”企业号，才能开通POI功能。

POI功能可以帮助商家搭建线下店铺和线上用户之间的桥梁，让同城粉丝在浏览视频的同时了解线下店铺的相关信息，将他们引流到线下实体门店。

POI定位的功能如此强大，我们要怎样才能充分发挥它的作用和价值呢？下面为大家介绍三种玩法，希望可以帮助大家有效提升实体店的客流量和销售额。

### ●玩法一：POI+优惠券，形成消费闭环

POI+优惠券玩法的亮点在于直接展示店铺信息和优惠信息，加强客户到店消费的意愿。实体店商家可以根据自己的发展需求设定导流方式，如果线上粉丝多，就可以在POI页面发放优惠券，把线上流量引入线下；如果线下客户基础好，就可以用POI视频分享搭配优惠券，把线下流量吸引到线上。我们可以看看成都知名餐饮品牌“成都吃客”是怎么做的。

### 案例 “成都吃客”利用POI+优惠券玩法，成功实现销售转化

“成都吃客”是成都本地很有名的餐饮品牌，在抖音平台上也有大批粉丝。“成都吃客”充分利用自己的优势，在POI页面发布了电子优惠券，让粉丝线上领券、线下消费，把线上的粉丝变成线下的顾客。“成都吃客”的这次营销活动取得了很好的效果，线上优惠券的核销率达到了8.3%，这个数据是相当不错的。

活动期间，“成都吃客”还邀请到店的顾客拍摄抖音视频，当视频获得一定数量的“赞”以后，再次赠送顾客优惠券。优惠券作为一种由来已久的营销方法，一直深受消费者喜爱，而“成都吃客”通过POI+优惠券的玩法，实现了线上线下互相引流，扩大了线上账号的影响力，提升了线下店铺的销售额。

### ●玩法二：POI+“DOU+”，让更多的人看到我们的门店

“DOU+”是一个抖音营销工具，它可以帮我们把视频更精准地推荐给目标人群，从而提高视频的播放量，不过这个营销工具是需要付费的。你购买之后，抖音会将你要推广的视频优先推荐给更多感兴趣的用户，提升视频的播放量。

“DOU+”的购买方式：在抖音最新版本中，选择想要“加热”的视频——点击进入视频播放页面——点击右侧，选择“DOU+”——选择定向模式——下单支付。“DOU+”不光可以帮助自己的视频“加热”，也可以“加热”你想帮助“加热”的视频内容。

经过“DOU+”“加热”的视频会出现在哪里呢？因为是付费推广，“加热”的视频会直接出现在抖音首页的推荐里，根据抖音算法，“加热”的视频会优先于其他视频展现给对该类型视频感兴趣的用户。因此，“DOU+”可以说是扩大曝光度的最佳利器。

把POI功能和“DOU+”营销工具结合起来可以实现更精准的曝光，让更多的人看到我们的店铺，提升粉丝到店消费的概率。这种玩法非常适合有曝光需求的线下实体店。下面案例中的“花漾庭院”就运用这种玩法成功吸引了一大批客人。

**案例** “花漾庭院”运用POI+“DOU+”玩法，成功触达目标客户

“花漾庭院”本来是一家既没有客户基础又没有关注度的客栈，它位于西双版纳，在开通抖音账号之前，生意一直不算好。

开通抖音“蓝V”账号以后，“花漾庭院”把民宿中的宠物作为视频内容，并运用POI功能，将门店定位分享到抖音视频中。为了进一步扩大曝光度，“花漾庭院”还使用了营销工具“DOU+”。

通过这样双管齐下的运营策略，“花漾庭院”的线下客户明显增加，很多人慕名而来，并在店内拍摄抖音视频“打卡”，这些由粉丝和客户发布的视频又为“花漾庭院”带来了一拨关注。

“花漾庭院”还在实体店铺中融入了抖音元素，为顾客提供了各种优惠活动，到店的客户只需要发一条关于“花漾庭院”的视频并获得“花漾庭院”点赞，就能获得优惠。这个活动不仅能让到店的客户获得实惠，还能进一步提升门店的曝光度，让线下的流量“回流”到线上，形成良性循环。

## ●玩法三：POI+挑战赛，引爆关注

POI+挑战赛的组合适合话题度比较高的品牌和店铺，商家可以提炼出产品的卖点和店铺的特色，并结合用户的兴趣发起话题，以吸引更多抖音用户参与讨论，进而引爆关注，实现线下门店的曝光和转化。

POI+挑战赛玩法的核心是抓住粉丝的“兴趣点”，并与店铺、产品的卖点完美结合。我们来看看“黑山谷”景区是怎么做的吧。

**案例** “黑山谷”景区利用POI+挑战赛玩法，引爆关注

旅游景区“黑山谷”挖掘粉丝的兴趣点和景区自身的特点，在抖音上发起带有POI位置信息的挑战赛，让景区在抖音平台上大面积曝光，引发了一大拨关注。粉丝在参与挑战时可以看到景区的POI定位。那些对景区感兴趣的粉丝可以通过POI页面了解景区的具体位置、营业时间、联系电话等信息。

线下游客也可以参与景区抖音官方账号发起的互动，拍摄景区相关视频，

进一步发酵话题，提升曝光度。凭借挑战赛和POI功能，“黑山谷”景区成功缩短了与游客之间的沟通路径，吸引了大批粉丝前来“打卡”，有效提升了线下的销售转化。

过去，大部分互联网用户的决策过程通常是初次接触—引起注意—产生兴趣—主动搜索—采取行动，而抖音的POI定位功能则简化了这个过程，让商家的店铺信息能够直接触达用户，把决策路径变成了获取信息—产生兴趣—采取行动。抖音POI定位功能不仅缩短了实体店铺触达用户的路径，还可以搭配其他营销策略，利用抖音强大的带货能力提升线下客户的到访率和销售转化率。

## 9.5 个人超级IP变现——IP影响力是巨大的

抖音还有一种表现方式，那就是一直坚持做原创，坚持做优质内容，坚持更新，最后成为抖音红人。坐拥千万粉丝的抖音红人，影响力甚至可以与明星媲美，如果我们能达到这样的境界，就可以实现个人超级IP变现，利用自己的名气和影响力接广告代言，推出自己的衍生产品和个人品牌，甚至踏上星途。

在抖音平台上，个人IP变现最成功的红人非李佳琦和“黑脸V”莫属。李佳琦通过口红和彩妆测评走红，成为抖音一哥，现在的他已经接到了著名品牌连锁屈臣氏的代言，还推出了自己的个人美妆品牌“2+7”。

“黑脸V”则凭借自己的“黑科技”视频斩获了几千万粉丝，而一身黑衣，从不露脸的形象也成了他的个人标志。凭借着优质的内容和个性化的形象，“黑脸V”的人气一直居高不下。很多大商家和大品牌都开始找这位抖音大咖做推广，比如OPPO、苹果、宝马等大品牌，这给他带来了不菲的广告收入。

如果我们能成为李佳琦和“黑脸V”这样的抖音大咖，那么变现对我们来说就是再简单不过的事了。

## ●个人超级IP：从网红到明星

当粉丝积累到一定的数量后，我们就可以转型成为个人超级IP，也就是俗话说的网红，甚至有可能进一步成为明星。有一个典型的例子就是在抖音上爆红的费启鸣，他成了网红以后，甚至参演了电视剧，走上了明星之路。

除了明星和网红以外，抖音上还活跃着一批原创音乐人。这些人的个人主页上都会显示出“抖音音乐人”的标志。比如，抖音达人“M哥”和“摩登兄弟”都被认证成为“抖音音乐人”。2018年下半年，抖音还推出了“看见音乐计划”，旨在扶持平台上的原创音乐人，原创音乐被使用的次数越多，音乐人排名就越靠前，很多音乐人都通过这次活动获益。

抖音扶持原创音乐人的做法，对平台和个人来说都有很多好处。对平台来说，不仅支持了原创，还获得了一批优秀的音乐素材，同时也吸引了一批创作者入驻抖音，为平台注入了新鲜血液。

对创作者来说，可以通过抖音平台让自己的音乐被更多人听见，让自己的视频被更多人看见。其中有一部分原创音乐人甚至获得了签约唱片公司的机会，能够圆自己的歌手梦。就算有些红人不能成为明星，但是他们的商业表现机会也会有很多。

## ●推出超级个人IP的衍生产品

流量就是金钱，在互联网世界里，这是一个亘古不变的真理。只要有流量，变现就不成问题，而抖音恰恰就是一个巨大的流量池。只要做好内容，再运用一些运营技巧，轻轻松松就能变现。在这里我们要讲的是推出自己的衍生产品，首先我们来看一个案例。

**案例　“秋叶Excel”成为大咖后，做出了自己的衍生产品**

抖音账号“秋叶Excel”最开始以分享Excel技巧为主，他把相关技巧分割成了很多个短视频，这样不仅可以吸引很多粉丝，也方便粉丝对照学习。慢慢地，“秋叶Excel”积累了大量粉丝，成为抖音红人。

成为抖音红人后，“秋叶Excel”开始实施变现，其变现方式是售卖自己的课程，由于前期已经积累了很多忠实粉丝，所以课程的报名情况还是很不错的。

不过，除了卖课程卖产品以外，抖音上还有人推出了自己的个人品牌，在变现方面表现十分突出。总而言之，个人超级IP变现就是利用自己的人气和影响力变现，所以运用这种变现模式的前提是成为大咖。不过，我们的抖商之路还很长，未必没有成为网红大咖的可能，我们不妨把它当作一个目标，鞭策自己朝着这个方向去努力。

## 9.6 企业号变现——企业“蓝V”的新玩法

抖音“蓝V”账号已经成了内容生产和产品促销的新阵地，抖音平台也在不断扶持“蓝V”账号。为了构建一个完整的营销、推广体系，实现线上、线下的互相引流，不断加强视频的曝光率和粉丝的转化率，抖音平台推出了辅助“蓝V”账号变现的四大利器：POI、快闪店、购物车和小程序。

要运营好“蓝V”账号，除了做好内容以外，还要借助这四大运营利器，才能成功引流，并促进销售转化。

### ●利用POI，实现线上线下联动

POI是利用LBS（location based services，基于位置的服务）定位技术在视频中定位线下门店地理位置的功能，它是向线下店铺引流的一大利器。

只要“蓝V”账号认领了地址，就可以获得独家专享的唯一地址和抖音上的定位图标。对于商家来说，POI不仅仅是可以在视频中显示的一个地址，还是和顾客交流的一个纽带以及展示品牌信息的一个窗口。

品牌或企业可以通过POI展示地址、电话、推荐、优惠券、活动海报、专属二维码等内容，直接触达用户。

知名奶茶品牌“快乐柠檬”抖音官方号发布的视频中我们可以看到POI定位，点击它就可以看到视频中店铺的地址和在该地址拍摄的全部视频，粉丝也可以在POI页面中与企业互动。

POI的玩法有很多种，可以和优惠券、挑战赛结合起来，下面我们来看看屈臣氏的成功案例。

**案例 屈臣氏发起挑战赛，借助POI实现线上线下联动**

2019年2月16日，屈臣氏发起的“2019做自己美有道理”挑战赛活动就充分利用了POI的特点和优势。

这场挑战赛的规则是这样的：（1）粉丝在拍摄挑战视频时必须添加屈臣氏门店的地理位置，再加上挑战赛专属音乐和贴纸。（2）参与挑战赛的粉丝有机会获得屈臣氏门店中魔盒的领取码。

上面这两条规则把线上用户引流到了线下门店，而获得魔盒领取码的粉丝又在抖音上发布开箱视频，吸引了更多人参与这场活动，线下体验又补充了线上内容，从而形成了一个完整的流量闭环。

有效的奖励机制激励粉丝积极参与，扩大活动的曝光度，而POI链接则帮助屈臣氏把线上流量精准导流到各大实体门店，最大限度地拉动了线下门店的销售转化。屈臣氏借助POI实现了线上线下联动，仅仅3天时间，活动的参与人数就突破了20万，视频总播放量超过10亿。

如果抖音“蓝V”号也有线下门店，且具有一定的知名度，也可以借鉴屈臣氏的做法，利用POI结合挑战赛的玩法，把线上流量导流到线下，再利用优惠手段促进线下销售。

### ●利用线上快闪店聚焦视线，提高销售转化

线下快闪店相信大家都不陌生，是在城市的商业中心设置临时店铺，并且要在较短的时间内推广品牌。而线上快闪店则是抖音针对“蓝V”账号开发的一

个新玩法，所谓线上快闪店其实就是一个专题页面，粉丝可以在其中查看产品详情、观看相关视频，还可以直接购买或预约产品，线上快闪店可以聚焦粉丝的视线，减少从接触到购买这个过程之间的流失率。

抖音快闪店的入口在“蓝V”账号的主页，它以全屏落地页的形式呈现，能带给粉丝沉浸式的视觉体验。它还有成本低、形式灵活、可收集数据等优点。

一般来说，快闪店适用于新品上市、限量产品发售、限时抢购、活动造势等场景，因为它可以营造出一种紧迫感，促使粉丝参与抢购，直接提升产品销量。企业还可以用发布短视频、直播、推广植入等手段助力快闪店。在抖音平台上第一个建立线上快闪店的“蓝V”账号是小米，这个快闪店的任务是发售新品——红米Redmi note 7（昵称“小金刚”）。

**案例　小米利用快闪店引流，聚焦视线、提升销量**

为了充分发挥快闪店的作用，小米进行了一系列的预热活动。

首先，通过《小金刚能不能活过这一集》系列短视频对即将上市的“小金刚”进行了铺天盖地式的宣传。这系列视频主要内容是暴力测试“小金刚”的抗打击能力，让观众充分认识到“小金刚”的产品特性。

接着，小米创始人雷军也上传了抖音短视频，又为“小金刚”吸引了一拨关注。线上造势成功后，小米召开了线下发布会，并在抖音平台上对发布会进行了直播。最后，小米官方“蓝V”账号发起了“拍抖音神器小金刚”的话题，并联合各路网红、达人共同发力，引爆市场。

在做足铺垫以后，小米快闪店隆重登场，成为促成粉丝购买的最后一个催化剂。相关数据显示，在为期8天的活动里，小米相关视频的播放量达到了2亿，点赞数超过300万，而快闪店内的“小金刚”新机1小时内售罄，预约申请达到了558万台。

抖音线上快闪店更多地起到的是聚焦视线和销售转化的作用，因此“蓝V”账号在建立线上快闪店之后，还要结合其他引流方法加强产品的曝光。

## ●利用购物车直接变现

以前，粉丝在抖音视频中看到喜欢的产品后，可能要在评论中询问或者私信主播后才能获得购买途径，但是抖音的购物车功能上线后，这个问题就变得简单了，只需要点击视频中的购物车就可以轻松购买同款产品。

抖音购物车功能已经接入了淘宝等其他电商平台，为我们提供了把粉丝从抖音引流到其他电商平台的机会，让变现渠道又多了一个。目前，开通购物车功能已经成了各大“蓝V”账号的共同选择。比如，著名零食品牌旺旺的企业“蓝V”号“旺仔俱乐部”就开通了购物车，粉丝如果看到视频中有喜欢的零食，就可以直接购买了。

购物车功能相当于抖音上的电商“旗舰店”，“蓝V”号可以将视频中推荐的产品添加到购物车中，并引导粉丝购买。抖音官方数据显示，在2018年的“双十一”期间，开通购物车功能的账号一天之内共售出商品10万件，销售额突破2亿。在“双十二”期间，促成订单数达120万。

## ●利用抖音小程序实现低成本变现

我们已经体会过了微信小程序在引流和营销中的巨大威力，抖音也推出了自己的小程序，企业“蓝V”号可以借助小程序进行低成本变现。抖音小程序的优点主要有两个，第一个优点是开发成本较低，可以以低成本换取高流量；第二个优点是可以直接进入购买环节，减少中间环节。

各大院线上映的电影都接入了“猫眼电影”小程序，粉丝可以直接通过小程序搜索附近的电影院，并购买电影票。

目前，抖音小程序仍然在完善中， 不过我们已经看到了它在引流和变现方面的潜力。未来会有更多的小程序应用出现，它们在“蓝V”号的运营中会发挥更大的作用。

抖音“蓝V”号的运营绝不仅仅是内容运营，而是要帮助品牌进行线上线下相互引流，实现从激发欲望到购买一步到位的转化。“蓝V”号应该根据品牌和产品的特点以及自身的营销诉求，灵活地运用这四大利器，帮助自己实现商业变现目标。